앗! 이런 발명가
와! 저런 발명품

4판 1쇄 발행 2025년 6월. 30일

글쓴이	박주혜
그린이	임혜경
펴낸이	이경민
펴낸곳	㈜동아엠앤비
출판등록	2014년 3월 28일(제25100-2014-000025호)
주소	(03972) 서울특별시 마포구 월드컵북로22길 21, 2층
전화	(편집) 02-392-6901 (마케팅) 02-392-6900
팩스	02-392-6902
홈페이지	www.moongchibooks.com
전자우편	damnb0401@naver.com
SNS	

ISBN 979-11-6363-966-4 (73400)

※ 책 가격은 뒤표지에 있습니다.
※ 잘못된 책은 바꿔 드립니다.

초등 융합 사회과학 토론왕 시리즈의 출판 브랜드명을 과학동아북스에서 뭉치로 변경합니다.
도서출판 뭉치는 ㈜동아엠앤비의 어린이 출판 브랜드로, 아이들의 지식을 단단하게 만들어주고, 아이들의 창의력과 사고력을 키워주어 우리 자녀들이 융합형 창의 사고뭉치로 성장할 수 있도록 좋은 책을 만들겠습니다.

펴내는 글

특허 때문에 억울한 일을 당한 발명가가 있다고?
발명품이 우리 생활에 이롭기만 할까?

　선생님의 질문에 교실은 일순간 조용해집니다. 인내심이 한계에 다다른 선생님께서 콕 집어 누군가의 이름을 부르는 순간 나는 걸리지 않았다는 안도감에 금세 평온을 되찾지요. 많은 사람 앞에서 어떻게 말을 해야 하나 고민해 보지 않은 사람은 없을 겁니다.

　사람들 앞에서 자신의 생각을 조리 있게 전달하는 기술은 국어 시간에만 필요한 것이 아닙니다. 수업 시간뿐만 아니라 상급 학교 면접 자리 또는 성인이 된 후 회의에서도 자신의 의견을 분명히 표현하는 것이 중요합니다. 하지만 어디서부터 시작해야 할지 몰라 입을 떼는 일이 쉽지 않습니다. 얼떨결에 한마디 말을 하게 되더라도 뭔가 부족한 설명에 왠지 아쉬움이 들 때도 많습니다.

　논리적 사고 과정과 순발력까지 필요로 하는 토론장에서 자신만의 목소리를 내려면 풍부한 배경지식은 기본입니다. 게다가 고학년으로 올라가서 배우는 수업과 진학 시험에서의 논술은 교과서 이상의 것을 요구합니다. 또한 상대의 의견을 받아들이거나 비판하기 위해 의견의 타당성과 높은 수준의 가치 판단을 해야 하는 경우가 많은데, 자신의 입장을 분명히 하기 위해서는 풍부한 자료와 논거가 필요합니다.

　「초등 융합 사회과학동아 토론왕」 시리즈는 사회에서 일어나는 다양한 사건과 시사 상식 그리고 해마다 반복되는 화젯거리 등을 초등학교 수준에서 학습하고 자신의 말

로 표현할 수 있도록 기획되었습니다. 체계적이고 널리 인정받은 여러 콘텐츠를 수집해 정리하였고, 전문 작가들이 학생들의 발달 상황에 맞게 다양한 분야를 정리하였습니다. 개별적으로 만들어진 교과서에서는 접할 수 없는 구성으로 주제와 내용을 엮어 어린이 독자들이 과학적 사고뿐만 아니라 문제 해결력, 비판적 사고력을 두루 경험할 수 있도록 하였습니다. 또한 폭넓은 정보를 서로 연결지어 설명함으로써 교과별로 조각나 있는 지식을 엮어 배경지식을 보다 탄탄하게 만들어 줍니다. 이러한 통합 교과형 구성은 국어를 기본으로 과학에서부터 역사, 지리, 사회, 예술에 이르기까지 상식과 사회에 대한 감각을 익히고 세상을 올바르게 바라보는 눈도 갖는 데 큰 도움이 될 것 입니다.

『앗! 이런 발명가, 와! 저런 발명품』은 평범한 소년인 태평이와 발명가들이 펼치는 재미있고 특별한 발명 이야기로 꾸며졌습니다. 자동차, 전화기, 무기 등 역사를 바꾼 큰 발명품부터 샴푸, 빨대, 사이다 등 생활을 바꾼 작은 발명품의 숨은 이야기, 그리고 편리함의 댓가로 나타난 부작용도 함께 알아봅니다. 이 책을 읽은 어린이 독자들이 발명가와 발명품에 관해 정확한 정보를 얻고 관련 주제의 토론에서 자신 있게 말할 수 있다면 더 없이 소중한 시간이 될 것입니다.

편집부

차례

펴내는 글 · 4
등장인물 소개 · 8
하늘나라 발명가들의 모임 · 10

1장 위대한 발명, 교통수단 · 13

하늘에서 온 발명가들
교통수단이 왜 이렇게 많아?
바퀴로 시작된 교통수단의 역사
너무 많아도 좋지 않아!

토론왕 되기! 동물, 사람 모두 위험한 로드킬(Road Kill)

2장 놀라운 발명, 통신 수단 · 37

지금은 스마트 시대!
옛날에는 어떻게 연락을 주고받았을까?
특허 때문에 빼앗긴 명예

토론왕 되기! 스마트폰으로 우리는 행복해졌을까?

3장 위험한 발명, 무기 · 57

무시무시한 핵무기
무기는 왜 생겨났을까?
전쟁 무기의 피해

토론왕 되기! 원자 폭탄 발명을 후회한 과학자

4장 　신기한 발명, 로봇 · 77

수상한 소리의 주인공
자동으로 움직이는 기계, 로봇
로봇이 좋기만 할까?

　토론왕 되기!　무인 자동차가 사고를 내면 누구의 책임일까?

5장 　필요한 발명, 생활 발명품 · 95

주위를 둘러봐!
일상 속 다양한 발명품들

환경 오염을 일으키는 발명품들
나도 한번 해 볼까? 발명가!

발명 관련 사이트 · 117
어려운 용어를 파헤치자! · 118
신 나는 토론을 위한 맞춤 가이드 · 120

등장인물 소개

김태평

안녕? 난 김태평. 나이는 10살이고, 대한민국에 사는 평범한 초등학생이야. 공부는 너무 싫고, 노는 것은 정말 좋아. 아직 특별히 좋아한다거나, 잘하는 건 없지만 앞으로 분명히 생길 거라고 믿어. 그런데 내 눈앞에 정말 이상한 사람들이 나타났어. 그리고 자꾸 나를 쫓아와. 혹시 텔레비전 뉴스에 자주 등장하는 강도나 유괴범 같은 사람들은 아니겠지?

장영실

어험, 나는 장영실이라 하오. 지금은 '천국에 사는 발명가들의 모임'에서 회장직을 맡고 있소. 우리 아버지는 원나라 사람이셨는데, 나를 위해서 아주 다양하고 신기한 물건들을 구해 주시곤 하셨소. 그래서 어릴 때부터 물건들을 부수고 조립하며, 기구의 원리를 알 수 있었지. 아, 내가 살던 시대는 조선 전기의 세종 대왕이 나라를 다스리던 조선 초기였소. 나는 세종 대왕의 큰 배려로 자동 물시계인 자격루, 천체의 운행을 관측하는 혼천의 등을 발명했다오.

형 윌버 라이트 1867~1912
동생 오빌 라이트 1871~1948

우리는 라이트 형제야! 우리는 어릴 때부터 공부보다 기계에 관심이 많았어. 그래서 일찌감치 학교를 그만두고, 기계들을 부쉈다 조립하면서 기계의 작동 원리를 공부했지. 물론 원래대로 조립하는 건 무척 어려웠지만 말이야. 우린 자전거를 수리하고 판매하는 일을 하다가, 자전거의 원리를 응용해 결국 비행기를 발명했어. 하늘을 나는 아주 멋진 비행기를! 어때? 멋지지 않아?

알렉산더 그레이엄 벨
1847~1922

반갑군, 나는 벨이라고 하네. 나의 어머니와 아버지는 소리를 들을 수 없는 청각 장애인이었고 아버지는 듣지 못하는 사람들을 가르치는 선생님이셨네. 그래서 나는 항상 소리에 관해서 생각했고 평생 소리 연구에 매달렸지. 나의 열정이 결국 전화를 만들었다네. 전화기는 내 인생 최고의 발명품이야.

알프레드 노벨
1833 ~ 1896

나의 아버지와 형들은 모두 화학 공장에서 일을 하셨습니다. 그래서 아버지의 권유로 형들과 아버지 사이에서 화학 연구를 하게 되었습니다. 그 이후로 내 발명품들은 나라 간의 전쟁에서 화학 무기로 사용되었습니다. 저는 사람을 죽이기 위해 발명한 것이 아닌데 말이지요. 그래서 인류의 평화를 위해 노력한 사람들에게 내 전 재산을 바쳤습니다. 그래서 만들어진 것이 노벨상입니다. 하지만 나는 여전히 마음이 불편합니다.

로티

안녕하세요. 나는 로봇연구소에서 버려진 로티라고 해요. 내가 무엇을 잘못한 것인지는 모르겠지만 나를 만들던 박사님이 나를 보고 한숨을 푹푹 내쉬었어요. 그러더니 며칠 뒤 나를 쓰레기장에 버렸지요. 그 과정에서 팔과 다리가 부러지고 말았어요. 나를 멋쟁이 로봇으로 고쳐 줄 박사님을 찾고 있어요.

토마스 에디슨
1847~1931

모두들 반가워. 난 발명왕이라고 불리는 에디슨이야. 나는 어릴 때부터 엉뚱한 짓을 많이 했지. 닭이 품고 있던 달걀에서 병아리가 깨어나는 것을 보고 직접 알을 품고 있었다는 친구 이야기 들어 봤어? 하핫, 그게 바로 나야! 나는 어릴 때부터 수많은 실험을 하면서 놀았지. 나는 정해진 것, 틀에 박힌 것을 제일 싫어해. 그래서 아무거나 마구 발명을 하고, 실험을 하기도 해. 그 결과로 어딘지 모르는 곳으로 가게 된다고 해도 말이지.

하늘나라 발명가들의 모임

모임 시간이 다가오고 있군. 지각생을 체크해야겠어!

이봐, 장영실! 내가 대단한 걸 발명했어!

난 여기 마무리 좀 짓고 갈게……. 콜록 콜록!

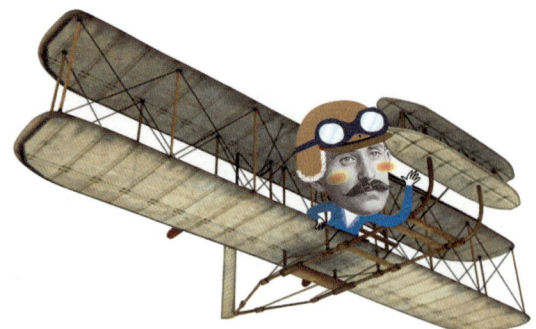

1장

위대한 발명 교통수단

🛞 하늘에서 온 발명가들

 '천국에 사는 발명가들의 모임' 회원들이 모두 양철 쟁반 위에 올라섰을 때였어요. 갑작스럽게 천둥 번개가 치더니 번쩍 빛이 났지요. 그러고는 어디론가 이동하기 시작했어요. 양철 쟁반이 마구 흔들리며 알 수 없는 공간들을 지났지요. 무서워진 발명가들은 모두 흔들리는 양철 쟁반을 꽉 잡았어요.
 "여, 여기가 어디지?"
 발명가들이 도착한 곳은 21세기 대한민국의 도심 한복판이었어요. 자동차들이 쌩쌩 도로를 달리고 수많은 사람이 걸어 다니고 있었지요. 도로 위에는 버스, 택시, 승용차, 트럭 등 다양한 자동차들이 가득했어요. 발명가들은 모두 눈이 휘둥그레졌지요.

"도대체 저건 뭔가?"

장영실이 콧잔등을 찌푸리며 말했어요. 천국과는 다르게 탁한 공기에 눈과 코가 매웠어요. 발명가들은 코를 붙잡고 눈물을 찔끔이며 지나가는 사람들을 구경하느라 정신이 없었어요.

"여기에 사는 사람들은 이상하군. 모두 요상한 가방과 컵을 하나씩 들고 길거리를 지나다니고 있어."

건널목을 지나는 사람들의 손에는 종이컵과 비닐 봉투가 들려 있었어요.

"저 강아지의 다리는 좀 이상한데?"

로봇 의족을 한 채 주인과 산책 중인 강아지도 있었어요.

그때 발명가들 앞으로 한 남자아이가 지나갔어요. 휴대 전화로 누군가와 통화중이었지요.

"그럼 다 알지. 난 다 알아요. 걱정하지 마세요. 금방 찾아 갈게요."

발명가들의 귀로 남자아이의 말소리가 콕콕 귀에 박혔어요.

천국에 사는 발명가들은 남자아이를 유심히 관찰했지요. 반짝거리는 눈동자로 휴대 전화를 뚫어져라 쳐다보는 모습이 집중력도 좋아 보이고 똑똑해 보이기까지 했어요. 게다가 모든 것을 다 안다고 말하고 있잖아요. 발명가들은 무작정 그 남자아이를 쫓아가기 시작했어요.

 교통수단이 왜 이렇게 많아?

"헉헉! 아니, 왜 자꾸 쫓아오세요!"

이상한 아저씨들이 쫓아오자 계속 앞만 보고 달리던 태평이가 숨을 고르며 멈춰 섰어요.

"아니, 자네는 왜 그렇게 도망치는 건가?"

장영실이 태평이처럼 거칠게 숨을 들이쉬면서 말했지요.

"헉헉, 이렇게 먼 거리를 달릴 줄 알았으면, 우리가 발명한 비행기를 가져오는 건데 말이야. 그러면 이렇게 달릴 필요 없이 한방에 날아 올 수 있었잖아!"

맨 꼴찌로 쫓아 온 라이트 형제가 말을 했어요. 태평이는 자꾸만 이상한 사람들이 쫓아오자 의심이 들었어요.

'혹시 정신 병원에서 탈출한 사람들 아닐까?'

그때였어요. 태평이가 서 있는 도로 옆으로 자동차 한 대가 쌩 하고 아주 빠르게 지나갔지요.

"으악, 깜짝이야!"

급히 지나간 자동차가 태평이의 바지에 흙탕물을 튀겼어요. 인도 옆을 지나면서도 속력을 줄이지 않는 자동차 때문에 일어난 일이었지요. 태평이가 입을 삐죽 내밀며 바지에 묻은 흙탕물을 탈탈 털어냈어요.

"여기는 신기한 것들이 많군. 바퀴가 달린 걸 보니 사람들이 타고 다니는 것들이 분명한데 말이야. 엄청 크고, 종류도 다양해. 세상이 아주 요상해졌어. 지금은 대체 어느 왕의 시대인거지? 허허허!"

장영실은 어리둥절해 하며 말했어요. 무시하고 계속 길을 가려던 태평이는 그만 대화에 끼어들고 말았어요.

"자전거, 오토바이, 자동차 이런 것들을 다 처음 본다고요?"

"하늘에서 내려다보기는 했지만 직접 앞에서 본 건 처음이라 좀 놀란 거라네. 내가 살던 조선 시대의 교통수단은 주로 나귀나 말을 타고 다니거나, 수레나 마차, 뗏목 등을 이용하는 정도였지."

장영실이 근엄한 목소리로 말을 이어가자, 태평이가 절레절레 고개를 저었지요.

"도대체 언젯적 이야기를 하시는 거예요? 요즘은 버스, 지하철, 자동차, 기차, 수상 택시, 배, 비행기, 제트기 같은 것도 있다고요."

태평이의 말에 발명가들의 눈이 휘둥그레졌지요.

"그래? 그럼 여기에선 그런 것들을 모두 구경할 수 있단 말인가?"

"모두 볼 수 있는 건 아니지만, 조금 더 걸어가면 한강이 나와요. 거기서 거의 다 볼 수 있을 거예요."

태평이와 발명가들의 발걸음이 바빠졌지요.

"우와! 저기 강 위에 떠 있는 것은 배가 아닌가?"

"저 다리 위를 보게. 엄청 많은 자동차들이 몰려 있다고."

한강에 도착한 발명가들은 모두 눈이 동그래져서 주변을 구경했어요. 그 모습을 지켜보던 태평이가 말했지요.

"아저씨들, 강 위에 떠 있는 건 배가 아니라 수상 택시예요. 그리고 자동차들도 승용차, 버스, 택시 굉장히 다양한 종류가 있다고요."

발명가들은 태평이의 손가락이 가리키는 교통수단들을 번갈아가며 쳐다보았어요.

"여기에서 보이는 것들이 다가 아니에요. 기차도 있고, 하늘에는 비행기도 날아다니고, 바다에는 엄청 더 큰 배들이 떠 다녀요."

"아하, 비행기! 그건 우리가 잘 알아. 비행기는 바로 우리가 발명한 거라고."

라이트 형제가 어깨동무를 하고 의기양양하게 말했지요.

"아저씨들이 어떻게 비행기를 발명해요. 아저씨들이 무슨 라이트 형제라도 된다는 말이에요?"

태평이도 지지 않으려고 큰 소리로 답했어요. 그때였어요. 유심히 한 곳을 바라보던 에디슨이 말했지요.

"오, 저기 다리 위로 기차가 지나가는군. 저건 본 적이 있지."

"저건 지하철인데, 땅 위에 차들이 많으니까 땅 밑으로 다니도록 만든 기차예요."

"땅 밑에도 사람들이 이용하는 교통수단이 있단 말이지?"

발명가들이 신기한 듯 되물었어요. 발명가들이 세상에 살아 있을 때만 해도 이렇게까지 교통수단이 발전하지는 못했으니 어찌 보면 모르는 것이 당연한 일이었지요.

바퀴로 시작된 교통수단의 역사

"음, 그러니까 아저씨들은 천국에 살고 있고 거기서 발명가들의 모임을 하고 있었는데, 에디슨 아저씨가 발명한 발명품의 전선이 뭔가 잘못돼서 여기로 오게 되었다는 말씀이시죠?"

발명가들의 말을 열심히 듣던 태평이가 그 말을 정리했지요.

"그렇지!"

발명가들이 손뼉을 치면서 좋아했어요.

"에이, 죽었던 사람들이 어떻게 다시 살아나요! 아저씨들, 거짓말 하지 마세요."

태평이가 말도 안 된다는 표정을 지으며 말했지요.

"살아난 게 아니라 천국에서……, 암튼! 우리로 말할 것 같으면 네가 말했던 비행기를 발명한 라이트 형제로 모임에서 교통수단 연구를 맡고 있다고. 너 언제부터 사람들이 자동차를 타고 다닐 수 있게 되었는지 아니?"

라이트 형제가 억울하다는 표정으로 물었어요.

"라이트 형제요? 그리고 보니 얼굴을 책에서 본 듯한……. 뭐, 자동차야 제가 태어나기 전부터 있었겠죠……."

태평이가 말을 얼버무리자 라이트 형제가 재빨리 말을 이어 하기 시작했어요.

"교통수단의 역사에서 바퀴를 빼놓을 수 없지. 바퀴 없는 차를 상상할 수 있니? 바퀴가 발명되기 전에 사람들은 무거운 짐들을 일일이 들고 옮기거나 끈을 매어 운반했지. 고대 왕국 이집트에서는 피라미드의 재료가 되는 무거운 대리석을 옮기기 위해 밑에 굴림대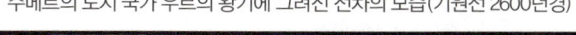무거운 물건 아래 받치고 굴려서 운반하는 둥근 나무토막를 깔기도 했어. 지금 흔히 볼 수 있는 원판 형태의 바퀴는 기원전 3500년경 메소포타미아 지역에 살던 수메르 인이 처음 사용했다고 해. 고고학자들의 발굴에 의해 바퀴의 흔적이 발견되었거든. 이들은 이 바퀴를 이용해 전차도 만들어 군사력을 향상시켰지."

"바퀴의 시작은 단순한 둥근 나무토막이었네요."

라이트 형제의 말을 듣고 있던 태평이가 말했어요.

수메르의 도시 국가 우르의 왕기에 그려진 전차의 모습(기원전 2600년경)

"그렇지. 기원전 3500년경에는 통나무 바퀴가 발명되었고, 기원전 2000년경에는 살 있는 나무 바퀴가 발명되었지. 이후 그리스·로마시대에는 쇠를 덧댄 나무 바퀴가, 1848년에는 고무 바퀴까지 발명되었어. 시간이 지나면서 바퀴는 점점 튼튼해졌지."

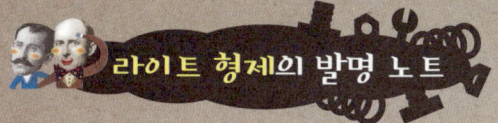

증기 기관과 산업 혁명

16세기 유럽에서는 여러 산업들이 발달하면서 기계를 움직이는 데 더 큰 힘이 필요했어. 사람들은 동물의 힘보다 월등한 기계의 동력 기계를 움직이게 하는 힘을 연구했고 그 결과로 나온 것이 증기 기관이야. 불을 지펴 수증기를 일으키고, 수증기의 압력으로 피스톤이 좌우로 왕복해서 움직이면 연결되어 있는 바퀴가 움직이는 원리야. 증기 기관을 사용한 기계는 사람보다 수십 배나 빠른 속도로 물건을 만들 수 있었기 때문에 대량 생산이 가능해졌어. 역사가들은 이를 '산업 혁명'이라고 부르지.

또한 이러한 원리를 이용해 최초의 자동차가 생겨났는데, 그것이 바로 증기 자동차야. 증기 자동차는 1769년에 프랑스에서 발명되었어. 초기에는 수레에 증기 기관을 더해 겉모습이 조금 우스꽝스럽기는 해도, 엄청난 발전이었지. 자동차는 계속해서 발전하여 증기가 아닌 휘발유로 움직일 수 있는 경지에 다다랐지. 그때까지만 해도 자동차는 부유한 사람들만 탈 수 있는 아주 비싼 기계였어. 그런데 미국의 기술자 헨리 포드(1863~1947)가 자동차의 부품을 대량으로 생산할 수 있는 공장을 만들면서 자동차는 모든 사람의 생활 필수품이 되었지.

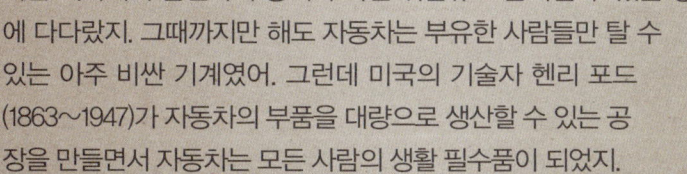

1890년대 초기의 증기 자동차

1903년 12월 17일, 첫 비행에 성공한 라이트 형제

"그런데, 아저씨들은 어떻게 비행기를 발명하게 되었어요?"

태평이의 질문에 형 월버 라이트는 씨익 웃으면서 다시 동생과 어깨동무를 했어요.

"우리는 어릴 때부터 하늘을 나는 꿈을 꿔 왔어. 그래서 글라이더바람을 타고 나는 비행기를 만들며 하늘을 나는 실험을 계속했어. 하지만 매번 실패를 하면서, 하늘을 나는 일이 결코 쉽지 않다는 걸 깨달았지. 그때 번득 생각난 것이 자전거의 원리였어. 우리는 자전거 핸들 위에 바퀴를 달고, 그 옆에 날개를 달아 바퀴가 어떻게 움직이는지를 살폈지. 그리고 날개를 바꿔 달면서 어떤 날개가 가장 효율적인지를 밝혀냈어. 그 결과 완벽한 글라이더가 탄생했어. 긴 날개와 꼬리 날개까지 단 새 글라이더는 이전의 글라이더보다 훨씬 잘 날 수 있었지. 이후 엔진과 프로펠러까지 달아서 내 동생 오빌이 조종대에 올라 정확히 12초 동안, 36m를 날며 비행에 성공했다네!"

　라이트 형제가 두 손을 꼭 잡고 신 나서 얘기했어요. 그 말을 듣던 태평이도 덩달아 기분이 좋아졌지요. 마치 자신의 눈앞에서 최초의 비행기가 비행에 성공한 느낌이 들었거든요.

 너무 많아도 좋지 않아!

"그런데, 우리는 계속 여기에 있는 것인가?"

　라이트 형제의 말에 태평이가 고개를 끄덕이고 있을 때, 장영실이 물었어요. 그제야 생각이 났다는 듯이 태평이가 무릎을 탁 쳤지요.

"난 지금 아빠 병문안 때문에 병원에 가는 길이었어요. 이제 아저씨들은 모두 제 갈 길을 가면 돼요."

　하지만 발명가 아저씨들은 모두 태평이를 쫓아왔지요.

"우리는 어디로 가야 하는지를 모르네. 자네가 다 알고 있다고 하지 않았나?"

장영실이 태평이의 팔을 붙들고 물었어요.

"제가 언제 다 안다고 했어요?"

"아까 분명히 길을 지나가면서 그럼 다 알지. 난 다 알아요! 라고 하지 않았나?"

"그건 엄마랑 통화하면서 아빠가 계신 병원에 가는 길을 안다고 하는 것이었어요."

그러자 발명가들이 하나 둘 바닥에 철퍼덕 앉기 시작했어요.

"다 틀렸어. 이제 우리는 돌아갈 수 없는 거야. 이봐, 에디슨! 자네가 이상한 걸 발명해서 이렇게 된 것 아닌가!"

결국 발명가들끼리 다툼을 하기 시작했어요. 태평이는 제 갈 길을 가고 싶었지만 길바닥에 앉아 있는 아저씨들을 그냥 두고 갈 수는 없었어요.

"어휴, 그럼 일단 저랑 같이 가요. 뭐 어떻게든 되겠죠."

결국 태평이와 발명가들은 한 버스에 올라탔어요.

"라이트 형제! 창문을 열어 보게. 바람이 씽씽, 콧

속으로 들어온다네."

창문을 열고 들어오는 바람을 맞으면서 장영실이 반대편에 앉은 라이트 형제에게 말했어요. 버스 안에서 그런 발명가들을 이상하게 쳐다보는 승객들의 시선에 태평이는 모르는 사람인 양 고개를 돌렸어요.

"콜록콜록!"

"에취! 자꾸 기침이 나오고, 몸이 간지러운 것 같아!"

노벨이 몸을 긁적이면서 말했지요.

"쿵쿵, 기본적으로 여기는 공기가 별로 안 좋은 것 같군. 창문을 닫는 게 좋겠어."

그런 노벨을 지켜보던 장영실이 창문을 닫으면서 말했어요. 발명가들은 제각각 자신의 옷으로 입과 코를 막았지요.

"이봐, 태평이! 자네도 얼른 옷으로 입이랑 코를 막게. 여기는 공기가 너무 안 좋아. 저기 마구 달리는 자동차들의 뒤를 보게. 엄청 검은 공기들을 내뿜고 있지 않은가. 저게 다 우리의 입과 코로 들어간다고 생각해 보게. 이런 곳에서 오래 살 수 없을 거야."

장영실이 태평이의 티셔츠를 끌어올려 주면서 말했어요.

"검은 공기라니……. 저건 자동차들이 달리면서 나오는 매연이라고요."

끼이이익!

갑작스럽게 버스가 멈추면서 손잡이를 잡고 서 있던 승객들이 넘어졌어요. 자리에서 튀어나올 뻔한 장영실이 놀라서 벌떡 일어섰지요.

"아니 이게 무슨 일인가?"

장영실의 말에 태평이가 창문을 열고 앞쪽을 살폈어요.

"접촉 사고라도 났나 봐요. 조금 기다리면 다시 출발할 거예요."

"자네는 이름처럼 참 태평하구만."

창밖에서는 교통경찰들이 호루라기를 불고 있었어요. 멈춰 서 있던

자동차가 많아지면 교통 체증이나 공기 오염 등의 문제가 생긴다.

자동차들은 제각각 빵빵, 소리를 내면서 갈 길을 재촉했지요.

"도로가 굉장히 복잡한 것 같군. 자동차들이 너무 많아졌어. 또 빨리 가려고 다들 아우성이지 않나. 저렇게 많은 자동차들에 들어가는 연료를 생각해 봐. 언젠가는 자원이 모두 고갈되고 말 거야."

에디슨은 복잡한 도로를 보면서 씁쓸한 표정을 지었지요.

"그나저나 자네 아버지는 왜 병원에 계신 것인가?"

장영실이 의아한 표정으로 물었어요.

"얼마 전에 길을 건너려던 고양이 한 마리가 자동차에 치일 뻔했거든요. 그래서 그 고양이를 구해주려다가 그만 자동차에 부딪히고 말았어요. 다행히 그렇게 큰 사고는 아니었는데 몇 가지 검사를 받으라고 의

사 선생님이 그러셔서요."

"아니, 동물들이 차에 치여서 죽는 것은 원래 동물의 길을 사람이 빼앗아서 생긴 일 아닌가? 애초에 길은 사람이나 동물 할 것 없이 모두를 위해 있었던 것이야. 그런데 자동차가 이렇게 많아지니 동물들이 원래 이용하던 길을 잃을 수 밖에! 그 고양이는 자네 아버지 덕분에 목숨을 부지했지만 길을 건너다 차에 치여서 죽는 동물들이 꽤 많을 거야!"

장영실의 말에 다른 발명가들도 고개를 끄덕였지요.

"아빠가 그러는데 도로뿐만이 아니라 하늘에서 비행기에 치여 죽는 새도 많대요."

"아니! 어떻게 그런 일이……. 그거 참 문제야. 우리가 살아 있었다면 비행기와 새들이 모두 함께 안전하게 비행할 수 있는 발명품을 만들었을 텐데……. 아니야, 지금이라도 늦지 않았어. 다시 돌아가게 되면 바로 연구에 들어가야지!"

라이트 형제가 눈에 힘을 주고 다짐하듯 말했어요.

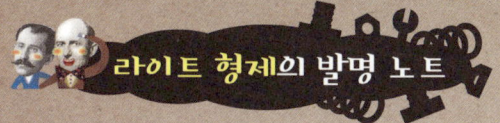 라이트 형제의 발명 노트

버드 스트라이크(Bird Strike)

버드 스트라이크란 새가 사람들이 만들어 놓은 기구나 건물에 충돌하는 사고를 가리켜. 주로 비행기나 헬리콥터 같은 항공기와 새가 충돌하지. 종종 기차, 자동차, 빌딩, 등대 등에서도 일어날 때가 있어. 비행기가 이륙하거나 착륙할 때 버드 스트라이크가 일어나기 쉬워. 주로 비행기의 속도가 느리거나 낮게 떠 있을 때 발생하는 사고이니까. 비행기가 운행할 때, 비행기에 달린 공기 흡입구가 빨아들이는 힘에 이기지 못한 새들이 빨려 들어가 사고가 나기도 해. 아무리 작은 새라고 하더라도 운행하는 비행기와 충돌할 시, 최악의 경우엔 비행기가 추락을 할 수도 있어. 아주 드문 경우지만, 버드 스트라이크 때문에 비행기가 운행을 하다가 다시 돌아오는 경우도 있지. 비행기 조종석의 유리가 아주 여러 겹으로 되어 있는 이유도 버드 스트라이크 때문이야. 혹시나 새들이 충돌하더라도 비행기 운행에 문제가 없도록 만들어진 것이지.

동물, 사람 모두 위험한 로드킬(Road Kill)

로드킬은 동물이 이동 중에 도로에 나왔다가 자동차 등에 치여 죽는 것을 말한다. 우리나라는 국토의 70%가 산지여서 지역을 연결하는 도로를 건설할 때 야생 동물이 지나다니는 지역을 파괴할 수밖에 없다. 고의는 아니지만, 인간의 편리를 위해 만든 도로가 야생 동물의 생명을 위협하는 것이다.

한국도로공사의 보고서를 보면 2001~2005년까지 전국 고속 국도에서 발생한 로드킬은 3241건, 2008년에는 2286건, 2009년에는 1895건, 2010년에는 2069건, 2011년에는 2307건에 이르는 등 계속해서 증가하는 것으로 나타났다. 고속 국도 외의 도로는 공식적인 자료가 없어 실제로 로드킬을 당하는 동물들은 통계보다 훨씬 더 많다.

왜 로드킬이 증가하고 있는 것일까? 가장 큰 이유는 생태계와 주변 환경을 고려하지 않은 도로 개발 때문이다. 서식지를 잃은 동물은 먹을거리를 찾으려고 이리저리 움직이는데 자연스럽게 도로를 건너다가 사고를 겪는다. 야생 동물의 사고를 예방하기 위해서 생태 통로 도로에 다리나 터널을 설치하여 야생 동물들의 이동을 돕는 구조물를 설치하고 있지만, 말 그대로 '설치'만 된 곳이 많다. 그 수가 적은 것도 문제지만, 익숙하지 않은 새로운 길로 동물들을 유도하는 일도 쉽지 않다. 또한, 야생 동물 보호에 대한 사람들의 인식과 관심도 부족하고 고속 국도에서 과속하는 운전자들은 야생 동물 주의 표지판을 보지 못하고 지나치는 경우가 많다.

로드킬은 동물들의 생명을 빼앗을 뿐만 아니라 대형 인명 사고로 이어지기도 한다. 멧돼지나 고라니 같은 큰 동물과 부딪히면 자동차가 부서지고 운전자가 다칠 수도 있으므로 사람들도 피해를 당하기는 마찬가지다. 운전자가 동물을 피하려고 핸들을 급하게 돌리거나 브레이크를 밟는데 이는 더 큰 사고로 이어지는 예가 많다. 미국에서는 로드킬 탓에 연간 200명이 사망하고 2만 9000명이 부상당했다. 또한 독일에서는 연간 2만 건의 사고로 40명이 사망하고 3500명이 부상당했으며, 스위스에서는 연간 7500건의 사고가 발생해 이 가운데 1~2%는 사망이나 부상 사고로 이어졌다.

로드킬은 쉽게 해결하기 어려워 보인다. 이미 만들어 놓은 도로를 사용하지 않거나 제한할 수도 없고, 야생 동물들을 24시간 내내 감시할 수도 없다. 도로 개발 자체도 중요하지만 로드킬 피해를 줄이기 위해서는 도로를 개발하기 전에 보호 울타리나 야생 동물의 탈출 유도 시설을 기본 설계로 넣어야 한다. 로드킬 신고가 들어왔을 때에는 바로 출동할 수 있는 동물 구조팀도 필요하다. 그리고 운전자들도 과속 운전을 줄이고 주변을 잘 살펴 운전해야 한다. 이는 야생 동물뿐만 아니라 자신의 생명도 지키는 일이기 때문이다.

자동차 과학의 세계

자동차가 아무리 멋있어도 앞으로 가지 못하면 아무 소용이 없어요. 자동차는 어떤 원리로 움직이는 걸까요? 그리고 자동차 내부에는 어떤 과학이 숨어 있을까요?

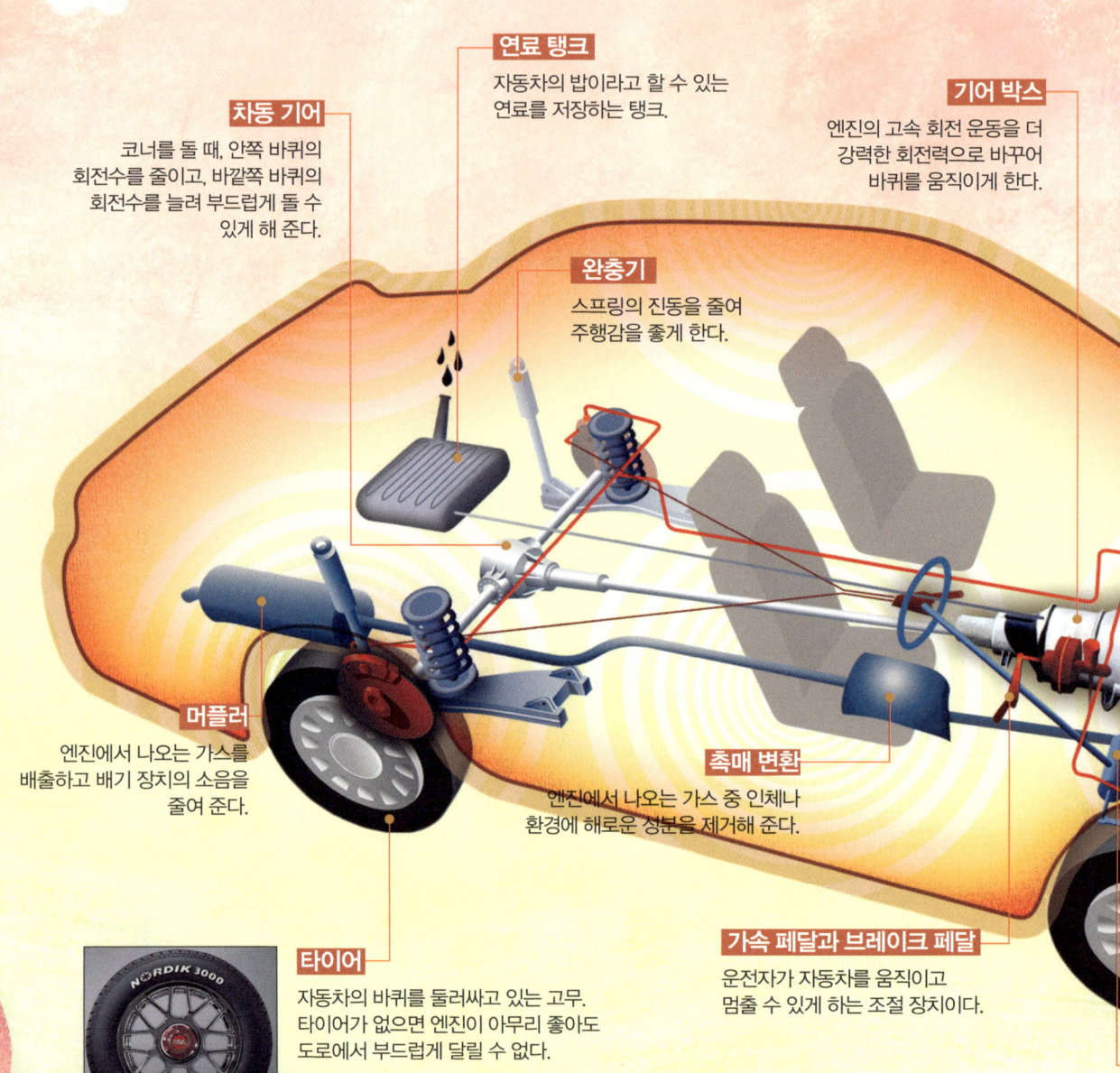

차동 기어
코너를 돌 때, 안쪽 바퀴의 회전수를 줄이고, 바깥쪽 바퀴의 회전수를 늘려 부드럽게 돌 수 있게 해 준다.

연료 탱크
자동차의 밥이라고 할 수 있는 연료를 저장하는 탱크.

기어 박스
엔진의 고속 회전 운동을 더 강력한 회전력으로 바꾸어 바퀴를 움직이게 한다.

완충기
스프링의 진동을 줄여 주행감을 좋게 한다.

머플러
엔진에서 나오는 가스를 배출하고 배기 장치의 소음을 줄여 준다.

촉매 변환
엔진에서 나오는 가스 중 인체나 환경에 해로운 성분을 제거해 준다.

타이어
자동차의 바퀴를 둘러싸고 있는 고무. 타이어가 없으면 엔진이 아무리 좋아도 도로에서 부드럽게 달릴 수 없다.

가속 페달과 브레이크 페달
운전자가 자동차를 움직이고 멈출 수 있게 하는 조절 장치이다.

엔진

엔진은 자동차의 심장이다. 인간의 심장처럼 엔진이 움직이지 않으면 자동차는 꼼짝도 할 수 없다. 엔진은 휘발유와 공기 혼합물의 연소를 통해 피스톤을 위아래로 움직여 동력을 만들어 낸다.

오호! 자동차에 이런 원리가?

공기 여과기

연소를 위해 엔진 내부로 들어가는 공기를 정화해 주는 역할을 한다.

배터리

자동차에 전력을 공급해 준다. 배터리가 없으면 시동을 걸 수 없다.

냉각기

물이 가득 찬 냉각기는 연소 과정에서 발생되는 열을 밖으로 배출해 준다.

스티어링 랙

핸들과 연결되어 있어 핸들을 돌려 원하는 방향으로 움직이게 해 준다.

자동차 거울

운전을 하면서 옆과 뒤를 볼 수 있게 해 주는 자동차 거울. 오른쪽 거울은 볼록 거울을 사용한다. 운전석에서 거리가 먼 오른쪽 거울은 시야가 좁기 때문에 넓은 부분을 보여 줘야 하기 때문이다. 하지만 실제보다 사물이 작은 모습으로 보여지기 때문에 오른쪽 거울에는 '실제로 보이는 것보다 사물이 가까이 있음'이라는 경고 문구가 적혀 있다.

겉모습

자동차의 종류는 달라도 겉모습은 대부분 비슷한 모양을 하고 있다. 엔진이 실린 앞 부분은 길고 날씬하며 사람이 타는 실내는 넓적하며 트렁크가 있는 뒤쪽은 다시 좁아진다. 이것은 달릴 때 공기의 저항을 최대한 줄이기 위한 디자인이다.

차체

자동차의 속도를 빠르게 하고 연료 사용을 줄이려면 자동차의 무게가 가벼워야 한다. 하지만 가볍게 하는 것에만 신경 쓰다가는 사고가 났을 때 안전을 보장하기 힘들다. 때문에 가벼우면서도 강한 소재로 차체를 만들려는 노력이 이루어지고 있다.

안전벨트와 에어백

운동하는 물체가 계속 운동하려고 하는 '관성의 법칙'은 자동차 사고에서는 안 좋은 일을 한다. 만약 관성의 법칙이 없다면 자동차 사고로 죽는 사람은 줄어들 것이다. 물론 그 전에 자동차가 움직일 수도 없겠지만 말이다. 앞에 있는 자동차나 물체에 부딪혔을 때 관성의 법칙으로부터 사람을 보호하기 위해서 만들어진 장치가 안전벨트와 에어백이다.

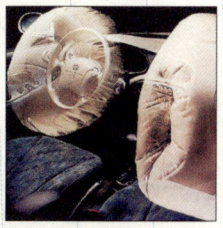

출처: 〈어린이과학동아〉 통권 20호, 김경우(2005)

바퀴는 어떻게 발명이 되었을까?

라이트 형제가 교통수단의 발달 역사를 쪽지에 간단히 정리해 두었어요.
시간 순서에 맞게 정렬해 보아요.

❶ 우리 라이트 형제가 최초로 비행에 성공했지!
_____ 년

❷ 수메르 인들이 전차를 만들어 다른 나라를 정복하기 시작했어.
_____ 년

❸ 증기 기관의 원리를 이용한 증기 자동차가 등장했어.
_____ 년

❹ 나무 바퀴의 단점을 보완한 고무 바퀴가 발명 되었어.
_____ 년

정답
❷ (기원전 3500년 경) → ❸ (1769년) → ❹ (1848년) → ❶ (1903년)

2장 놀라운 발명 통신 수단

 지금은 스마트 시대!

태평이의 주머니에서 휴대전화의 벨소리가 들려왔어요. 태평이는 벨소리를 따라 노래를 흥얼거리며 주머니에서 주섬주섬 스마트폰을 꺼냈지요.

"엄마? 네. 버스 안인데 차가 좀 막혀서 늦어요. 금방 갈게요."

태평이가 전화를 끊고 뒤를 보자 발명가들의 눈이 모두 튀어나올 것처럼 커져 있었어요.

"자네, 지금 뭘 한 거야? 전화를 한 건가?"

"아저씨들 이거 첨 봐요? 스.마.트.폰!"

태평이가 자신의 스마트폰을 발명가들의 눈앞에 보여 주며 답했지요.

"아니 그게 말로만 듣던 스마트폰이란 말인가? 연결된 전화선은 없는

건가?"

벨이 태평이의 스마트폰의 위, 아래를 살피면서 전화선을 찾았어요.

"스마트폰에 무슨 전화선이람? 요즘은 집 전화에도 전화선 없는 거 많거든요!"

"천국에서 휴대전화가 발명되었다는 소식은 들었지만 그렇게 작고 주머니에 쏙 들어가는지는 몰랐어. 그냥 길거리를 다니면서 전화를 할 수 있는 편리한 전화기가 발명된 줄 알았다네."

"요즘은 거의 다 스마트폰을 사용하고 있어요. 스마트폰만 있으면 전화, 인터넷, 게임 다 할 수 있어요. 아참! 아저씨들이 정말 천국에서 온 유명한 발명가들이면요. 인터넷에 검색하면 아저씨들이 다 나올 거예요. 잠시만요."

태평이는 벨의 이름을 인터넷에서 검색했어요.

"어라? 진짜 얼굴이 똑같잖아!"

인터넷에 뜬 벨의 얼굴과 바로 앞에 있는 벨의 얼굴을 확인한 태평이는 무척 놀라 아무 말도 하지 못했어요. 발명가 아저씨들이 한 말은 거짓이 아니었어요! 그럼 정말 천국에서 내려온 사람들? 그것도 엄청 유명한?

"이봐, 태평이. 내 얼굴도 좀 보여 주게."

발명가 아저씨들은 신이 나서 태평이의 스마트폰을 만지기 시작했어요.

 옛날에는 어떻게 연락을 주고받았을까?

"이 작은 기계를 보니까 참 신기하군. 이 작은 기계가 발명되기 위해서는 얼마나 많은 사람들의 크고 작은 발명품이 있었겠나? 정말 신통방통한 일이 아닐 수 없네."

벨이 커다란 손바닥 위에 스마트폰을 올려놓고 관찰하면서 말했어요. 다른 발명가들도 모두 벨의 말에 고개를 끄덕였지요.

"내가 옛날에 전화기를 처음 발명할 때만 해도 이렇게 작고 대단한 통신 수단이 나올 수 있을 것이라고는 짐작도 못했다네."

"그럼 벨 아저씨가 처음 전화기를 발명하기 전까지, 사람들은 어떻게 소식을 주고받았어요? 전화기가 없었으면, 서로의 목소리를 들을 수 없었겠네요."

태평이가 놀란 가슴을 진정시키며 물었지요.

"아주 옛날에는 직접 소식을 전하는 방법 밖에는 없었어. 큰 소리를 질러서 소식을 전하거나, 빠르게 달려가서 소식을 전하곤 했지. 하지만 이건 어디까지나 너무 멀지 않은 곳에 있는 사람들끼리만 사용 가능한 방법이었네. 위급한 상황이나 빨리 소식을 전하고 싶을 때에는 불가능한 일이었지."

벨의 말에 장영실이 고개를 끄덕이며 덧붙였어요.

"우리나라도 마찬가지였어. 그래서 전투 시 위급한 상황을 전하기 위해서 더 빠르고 경제적인 방법을 찾게 되었지. 연을 띄워 올리거나, 뿔피리를 불거나, 북을 두드리는 등의 방법을 이용해서 연락을 주고받았어. 충무공 이순신이 사용한 신호연은 위급한 상황에서 소식을 전하는 아주 좋은 방법이었지. 신호연은 전투 시 연에 무늬를 새기고, 무늬마다 암호를 정해서 언제 어떻게 공격을 해야 하는지 알리는 방법이야. 또한 국가의 군사 정보를 전달하는 데 사용된 방법 중에 봉수가 있어. 봉수는 꽤 오래전부터 사용했다는 기록이 있는데, 산꼭대기에서 밤에는 횃불로, 낮에는 연기로 여러 가지 상황을 신속하게 알리는 방법이었지. 봉수제를 체계적으로 활용했던 조선 시대에는 어디에서 어떤 일이 있든 간에 12시간 이내에 한양으로 소식을 전달할 수 있었어."

벨이 장영실의 말을 받았어요.

"그래. 하지만 이렇게 소식을 전하는 것은 어디까지나 신호를 통해 위급함을 알리는 것이었네. 또한 사람의 입으로 전달하는 방법에는 항상 오류가 따르기 마련이지. 그래서 정확하게 소식을 전달하는 것이 매우 힘들었어. 그래서 편지로 소식을 전하는 방법이 사용되었다네. 말보다는 글로 전달하는 것이 더욱 정확하거든."

벨의 설명을 듣고 장영실이 박수를 치며 말했지요.

"맞아! 우리나라에도 편지로 소식을 전하는 방법이 있었어. 바로 중요한 소식을 전달하는 사람들에게 필요한 병사나 말을 두었던 곳을 역참이라고 해. 역참을 통해서 소식을 전달하곤 했지. 하지만 제대로 운영되지 못해서 금세 없어졌어. 그걸 보완해서 생겨난 것이 파발이야. 파발은 급한 일이 생겼을 때, 문서를 빠르게

수원 화성의 봉수대

전하기 위해서 파발꾼이 직접 말을 타고 달려가서 다음 파발꾼에게 소식을 전달하는 릴레이식 통신 방법이었지. 파발은 여러 사람이 하나의 정보를 전달하는 통신 방법이야."

 장영실의 말이 끝나자 벨이 참고 있었다는 듯 입을 뗐어요.
 "이러한 과정을 거쳐서 우편배달이 생겨났다네. 우편배달 마차로 사람들에게 소식을 나누어 주었지. 이후 우체국이 활성화 되면서 우표가 생겨났어.

1840년 5월 1일에 발행한 세계 최초의 우표, 페니 블랙(penny black). 페니 블랙이라는 이름은 검정 바탕에 빅토리아 여왕의 얼굴 모습이 그려져 있고, 가격이 1 페니여서 붙여진 이름이다.

1840년 세계 최초의 우표인 '페니 블랙'이 나왔지. 1869년에는 오스트리아와 헝가리에서 처음 우편엽서가 생겨났고 비슷한 시기에 전보가 발명되면서 통신 수단은 한층 더 발달했지. 전보는 전선을 통해 신호를 보내면 미리 약속해 놓은 글자로 옮겨 주는 방식이야. 전보에 사용된 전신 부호는 1837년에 미국의 발명가 모스가 점과 선을 조합해서 만들었어. 1840년에는 특허를 받았지. 나는 1876년 3월 처음으로 전화를 발명했어. 내가 실수로 옷에 약을 쏟았는데, 나도 모르게 벌떡 일어나서 조수를 불렀던 거야. 그런데 전화선을 타고 내 목소리가 조수에게 들린 게 아니겠어? 그게 내가 처음으로 전화를 발명했던 순간이었네."

벨의 어깨가 뿌듯하다는 듯 넓게 펴졌지요. 태평이는 벨의 말을 들으며 고개를 끄덕였어요. 태평이는 발명가 아저씨들의 설명을 들으면서 통신 수단의 역사를 이해할 수 있게 되었어요. 사람이 직접 또는 말을 타고 전달하던 소식이 우편을 통해, 전화를 통해 빠르게 전달되는 시대가 된 것이지요.

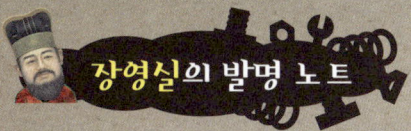

우리나라 최초의 우체국과 전화기

1884년 우리나라 최초의 우체국인 우정국이 서울 종로에 문을 열었다네. 같은 해 처음으로 우리나라 최초의 우표인 '문위우표'도 발행되었지. 그 당시에는 우편집배원을 '체전부'라고 불렀는데 벙거지를 쓰고 다닌다고 해서 '벙거지꾼'으로 불리기도 했지. 벙거지꾼들은 걸어 다니면서 우편물을 배달했기 때문에 잘 걷거나 다리가 튼튼한 사람을 주로 뽑았다네.

1885년에는 서울-인천, 서울-의주 사이에 처음으로 전신이 생겨서 전보를 주고받을 수 있게 되었어. 1898년에는 처음으로 전화가 개통되었지. 덕수궁에 전화 교환대를 설치한 후 교환수가 처음으로 고종과 신하들을 연결해 주자 신하들은 전화기로 고종의 목소리를 듣고는 넙죽 절을 했다고 하지. 왕의 목소리가 전화기를 타고 들려왔으니 얼마나 놀라운 일이었겠는가!

특허 때문에 빼앗긴 명예

"난 아직도 조수 왓슨이 내 목소리를 듣고 헐레벌떡 뛰어왔던 그 순간을 기억한다네. 온몸의 털이 모두 쭈뼛거리면서 서는 것 같았다니까!"

벨이 자신이 만든 전화기 이야기를 하면서 추억에 젖어 있을 때였어요. 벨의 모습을 쳐다보던 에디슨이 입을 삐죽이며 말했지요.

"그런데, 벨! 그 전화기가 온전히 너의 발명품이라고 말할 수 있을까? 솔직히 네가 전화기를 발명하던 그 시기에 그레이도 전화를 발명하고 있었잖아. 지금이야 세상 사람들이 모두 1등만을 기억하기 때문에, 특허청에 등록을 먼저 한 벨 네가 전화기를 발명했다고 알고 있지. 하지만 당시에만 해도 많은 논란거리가 되었어! 그때 특허 때문에 복잡했던 문제들을 난 아직도 기억하고 있다고!"

에디슨의 말에 다른 발명가들도 덧붙였어요.

"맞아. 그때 누가 먼저 발명을 한 것인가에 대해서 엄청 많은 이야기가 있었어. 지금에 와서 하는 말이지만, 벨 자네는 정말로 그레이가 전화기를 발명하고 있다는 사실을 몰랐었나?"

발명가들의 질문이 이어지자 벨의 얼굴이 빨갛게 변해갔지요.

"아니, 지금 도대체 무슨 말을 하는 건가! 내가 얼마나 많은 실험 끝에 전화기를 발명했는데, 그게 내 것이 아니라는 거야? 그리고 내가 특허도 먼저 신청했어. 그렇기 때문에 세상이 나를 인정해 준 거라고!"

벨은 흥분을 감추지 못하고 침을 튀어 가면서 화를 냈어요.

"저기, 아저씨들! 여기서 그렇게 화를 내시면 안 되고요. 지금 아저씨들이 도대체 무슨 말을 하고 있는 건지 잘 모르겠거든요. 계속 특허, 특허 하시던데 도대체 특허가 뭐예요?"

태평이가 흥분을 가라앉히지 못하고 엉덩이를 들썩거리는 벨의 팔을 붙잡고 말했어요.

"특허는 어떠한 물건을 발명했을 때 발명가가 특허청에 가서 그 물건을 자신이 발명했다고 등록을 하여 공식적으로 인정받는 것을 말하지. 특허법은 발명가의 권리를 보호해 줌으로써 사람들의 발명 활동을 더욱 활성화시키기 위해서 만들어진 법이야."

"그러니까 발명품을 만들었을 때, 특허청에 등록하면 진짜 주인으로 인정해 준다는 말이죠?"

"그렇지! 나의 어머니와 아내는 청각 장애가 있는 사람들이었어. 아버지는 소리를 못 듣는 사람들에게 발성법_{정확하게 소리를 낼 수 있는 방법}을 가르치는 선생님이셨네. 그런 환경 속에서 나는 항상 '소리'란 무엇인지 생각했지. 그러다가 토마스 왓슨을 만나게 된 거야. 그는 기계 수리공이자 훌륭한 모형 제작자였네. 내가 소리를 전달하는 방법을 생각해 보고 왓슨에게 말하면 왓슨은 뚝딱뚝딱 모형을 만들어 주었지. 우리는 홀

륭한 파트너였어. 그러다가 스프링을 잡아당기면 그 진동으로 전선을 통해 소리가 전달될 수 있다는 걸 알게 된 거야. 그래서 나는 서둘러 특허청에 가서 전화에 관한 특허 신청을 했다네."

"그런데 갑자기 그레이라는 분도 전화기를 발명했다고 나타난 거예요?"

태평이가 벨의 말에 눈을 깜박이면서 물었어요. 벨은 마치 태평이가 자신의 마음을 딱 알아챘다는 듯 커다란 손으로 태평이의 머리를 흩트렸지요.

"맞아! 바로 그거야. 내가 특허청에 전화에 대한 특허를 제출하고 정확히 두 시간 후에 그레이가 똑같은 특허 신청을 냈던 것이지. 신문에서는 도대체 누가 진짜 전화를 발명한 사람인가에 대해서 온갖 추측을 하기 시작했다네. 나는 속이 많이 상했지. 하지만 그건 그레이도 마찬가지였을 거야. 그레이도 나처럼 전화기를 발명하기 위해서 얼마나 많은 노력을 기울였겠나. 하지만 특허청에서는 두 시

자신이 발명한 전화를 시험해 보는 벨

간 먼저 특허 등록을 한 나를 전화기의 발명가라고 인정해 주었다네. 그레이는 곧바로 그 결과를 받아들였어. 나는 그레이를 아주 멋진 발명가라고 생각하네. 나와 같은 시대에 같은 꿈을 꾸던 발명가가 있다는 것이 얼마나 힘이 되었는지 몰라."

벨의 말이 끝나자마자 태평이가 물었어요.

"동시에 발명했다고 하더라도 먼저 특허를 등록하는 사람이 그 발명품에 대한 진짜 주인인 거네요?"

"그렇지. 특허는 발명품을 내가 만들었다는 것에 대한 세상의 확인서와 같은 것이야."

태평이는 지금까지는 특허에 관해 한 번도 생각해 본 적이 없었어요. 하지만 벨 아저씨가 전화기의 발명가로 현재까지 유명한 것을 보니, 특허라는 것이 중요한 것이란 생각이 들었어요.

발명가들과 태평이가 특허에 대해서 곰곰이 생각하던 그 순간, 교통 체증이 서서히 풀리면서 다시 버스가 달리기 시작했어요.

"그런데 그 소식 알고 있나? 2001년에 미국 의회에서 최초로 전화기를 발명한 발명가는 안토니오 메우치라고 공식 인정한 사실을 말일세. 이탈리아 사람인 안토니오 메우치는 '말하는 전보'라는 획기적인 발명품을 개발하고 있었지. 그리고 그걸 1871년에 특허청에 등록해서 특허를 받았어. 그게 전화기의 첫 번째 모델이지. 하지만 안토니오 메우치

최초로 전화를 발명한 안토니오 메우치

에게는 자신의 발명품을 발전시킬 만한 돈이 없었어. 그래서 1874년, 특허에 관한 모든 법적 권리를 잃고 가난 속에서 죽음을 맞았어. 당시에 메우치가 '말하는 전보'를 발전시킬 수만 있었다면 어쩌면 전화기의 공식적인 발명가는 안토니오 메우치가 되었을지도 모를 일이야. 훌륭한 발명가들이 가난 때문에 자신의 발명품을 더욱 발전시킬 수 없다면, 그것만큼 불행한 일도 없어. 그런 일이 두 번 다시 생기지 않아야 할텐데……."

장영실이 또랑또랑한 눈으로 자신을 쳐다보고 있는 태평이를 바라보면서 말했어요. 벨이 씁쓸한 미소를 지으면서 머리를 긁적였지요. 그때였어요. 자리에 앉아 고개를 끄덕이고 있던 태평이가 벌떡 일어섰지요.

"어어? 우리 이번에 내려야 해요!"

버스의 출입문이 열리자 우당탕 우당탕, 태평이와 발명가들이 급하게 정류장에 내렸어요.

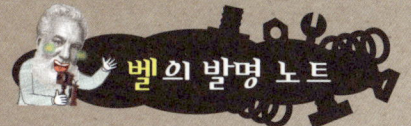

벨의 또 다른 발명품들

전화를 발명할 당시 내 나이는 29살이었어. 나는 젊은 나이에 전화로 명성을 크게 얻고 엄청난 재산을 갖게 되었지. 하지만 돈과 명예보다 더 많은 발명품들을 만들기 위해 죽을 때까지 힘을 쏟았어.

나는 1887년에 견고한 음반을 이용해서 '그래포폰(Graphophone)'이라는 기계를 발명했어. 그래포폰은 견고한 음반에 소리를 녹음해서 들을 수 있게 하는 기계였지. 이것은 에디슨이 발명한 축음기와 같은 원리를 갖고 있어. 하지만 축음기는 내가 그래포폰을 발명하기 10년 전에 이미 발명되었지. 그래포폰과 축음기는 기능이 거의 같아서 나와 에디슨은 그래포폰을 두고 특허권 싸움을 벌이기도 했어. 하지만 축음기는 얇은 은박지판에 소리를 녹음해서 듣는 기계였고, 그래포폰은 견고한 음반에 소리를 녹음해서 듣는 기계라는 점이 달랐지. 축음기의 얇은 은박지판은 두세 번 소리를 들으면 구겨져서 쓸 수 없게 되었어. 그래서 축음기에서 더욱 발전된 형태인 그래포폰 덕분에 음향 산업이 발달할 수 있었어.

1880년에는 광선 전화기를 발명했어. 광선으로 소리를 내보낼 수 있도록 고안한 거야. 내가 발명한 광선 전화기는 오늘날 레이저 광선과 광학 통신의 첫 시작으로 알려져 있지. 또 양의 품종을 개량하기도 하고 바닷물에서 소금을 추출하는 휴대 기구를 발명하기도 했지. 1919년에는 당시 세계에서 가장 빠른 속도를 내는 수중익선_{배 아래에 수중날개를 달아 고속으로 항해할 수 있도록 만든 배}을 발명하기도 했단다.

그래포폰

스마트폰으로 우리는 행복해졌을까?

전 세계적으로 스마트폰의 열풍이 엄청나다. 크기는 손바닥만 한데 전화를 걸 수 있고 문자를 보낼 수 있고 인터넷을 할 수 있고 음악을 들을 수 있고 게임을 할 수 있고 은행 업무를 처리하고……. 엄청나게 다양한 일을 이동 중에도 모두 처리할 수 있다. 우리나라에는 2009년 처음으로 스마트폰이 보급_{세상에 널리 퍼짐}되었는데 3년 만에 스마트폰 사용자는 폭발적으로 늘어나 2012년에는 3000만 명을 넘어섰다.

스마트폰의 등장은 '혁명'이라고 불릴 만큼 우리의 일상생활에 많은 영향을 미치고 있다. 하지만 빠른 발전 뒤에는 항상 부작용이 따르기 마련이다. 가장 대표적인 예가 '스마트폰 중독'이다. 서울시 교육청의 발표로

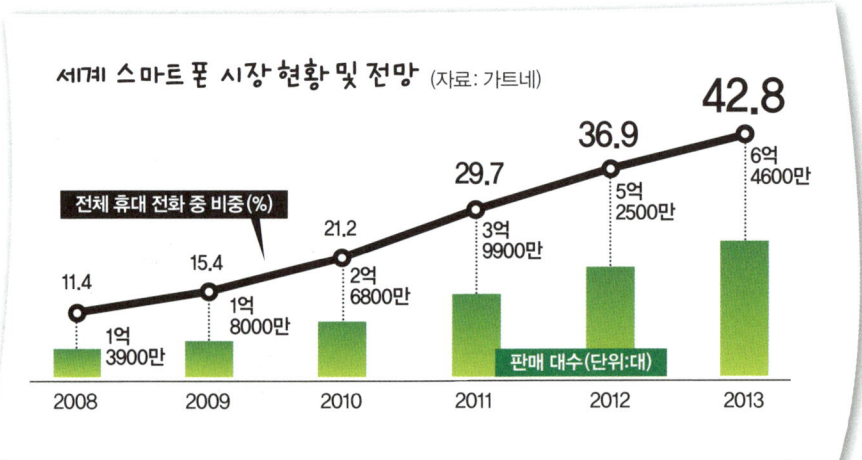

는 '우리나라 초·중·고교생 28%가 하루 3시간 넘게 스마트폰을 사용한다'고 한다. 스마트폰 중독은 인터넷 중독 현상과 마찬가지로 우울증, 불안, 수면 장애, 금단 현상 등을 가져올 수 있다. 잠자기 전 어두운 방에서 화면 불빛에 의지해 스마트폰을 보면 눈이 쉽게 피로해지고 안구 건조증이 오기도 한다. 엎드리거나 웅크린 자세로 스마트폰을 쓰다 보면 어깨 관절에 무리를 준다.

스마트폰의 가장 큰 부작용은 사람과의 '대화 단절(끊김)'이다. 지하철이나 버스를 탄 사람들은 각자 자신의 스마트폰을 주변을 아랑곳하지 않은 채 만지작거리고, 학교 친구끼리도 직접 만나 얼굴을 보고 이야기하기보다 문자로 대화를 주고받는 기회가 훨씬 많다. 특히 스마트폰은 부모님과 자녀의 관계를 악화시키기도 한다. 스마트폰으로 소셜 네트워크 서비스(S.N.S)를 이용하면 친구들과의 관계는 긴밀해지지만, 가족과는 소통하는데 어려움이 있기 때문이다.

원래 전화기는 멀리 있는 사람과 빠르게 생생한 소식을 전하려고 발명되었다. 하지만 전화기가 스마트폰으로 발전을 거듭하면서 오히려 대화를 잃고 있는 건 아닌지 전화기의 발명 목적을 다시 한번 되돌아봐야 할 때이다.

억울한 발명가들

여러분이 보기에 발명의 세계는 어떤가요? 화려하고 멋있어 보이나요? 하지만 자세히 들여다보면 경쟁이 굉장히 치열한 곳이랍니다. 단지 경쟁자보다 조금 늦게 발명했다는 이유로, 또는 대기업과 분쟁에 휘말려서 실패한 발명가들이 얼마나 많다고요!

대기업의 횡포로 못 이룬 꿈
에드윈 암스트롱 (1890~1954)

1933년 암스트롱은 FM라디오를 발명했다. 당시 주로 쓰이던 라디오는 AM방식으로 잡음과 혼선전신·전화 등의 줄이 서로 닿아 통신이 뒤엉킴이 심했다. 암스트롱의 FM라디오는 AM방식보다 소리가 선명했다. 그러나 당시 미국의 라디오 시장을 지배하는 회사였던 RCA는 FM라디오를 받아들이지 않았다. RCA로부터 거절당한 암스트롱은 직접 FM라디오 방송국을 세웠다. 그러자 RCA는 풍부한 자본력을 바탕으로 정부에 돈을 대어 암스트롱이 FM라디오 주파수를 못 쓰게 만들었다. 결국 사업에 실패한 암스트롱은 1954년 스스로 목숨을 끊고 말았다.

불운한 천재 발명가
니콜라 테슬라 (1856~1943)

니콜라 테슬라는 경쟁자의 견제 때문에 불행한 삶을 보낸 발명가다. 테슬라는 라디오를 발명했지만, 자기보다 늦게 라디오를 발명한 이탈리아의 마르코니에게 특허를 빼앗겼다. 언론이 마르코니의 라디오를 '새로운 발명'이라고 찬양하자 마르코니가 언론의 힘을 이용해 특허권 분쟁에서 승리했던 것이다. 에디슨도 테슬라의 경쟁자였다. 테슬라는 에디슨의 직류 전기항상 일정한 방향으로 흐르는 전류보다 뛰어난 교류 전기크기와 방향이 주기적으로 변하는 전류를 개발했다. 그러나 에디슨은 테슬라의 교류 전기가 사람이나 동물을 감전시켜 죽인다는 등 교류 전기가 위험하다는 이야기를 널리 퍼뜨렸다. 결국 발명에 대한 정당한 보상도 받지 못한 테슬라는 무일푼으로 세상을 떠나고 말았다.

시대를 앞선 발명가
존 케이 (1704~1779)

18세기 초 영국에서는 옷감을 짜려면 일일이 실 사이로 씨실을 끼워 넣은 북(shuttle)을 수동으로 조작해야만 했다. 자연히 생산 속도는 느렸다. 당시 방직 기사였던 존 케이가 1730년 수동 북을 자동화한 '플라잉 셔틀'(Flying shuttle)을 발명했다. 그 결과 베를 짜는 속도가 2배로 빨라졌고 직조공 혼자서도 폭이 넓은 천을 짤 수 있게 되었다. 케이는 직조 기계로 천을 짜는 일 기술을 계속해서 개선해 나갔고 1733년엔 특허도 획득했다. 하지만 실직을 겁낸 직조공들은 존 케이를 미워하기 시작했고 관련 업체들은 특허 사용료 지급을 계속 미루었다. 급기야 1753년엔 직조공들이 일으킨 폭동으로 그의 집이 습격을 당하자 케이는 프랑스로 피신했고 1779년 그곳에서 쓸쓸히 생을 마쳤다.

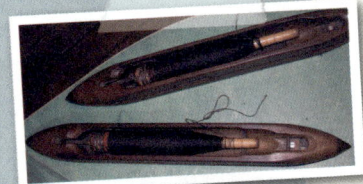

영국 잉글랜드에 있는 브래드퍼드 산업 박물관에 전시되어 있는 플라잉 셔틀.

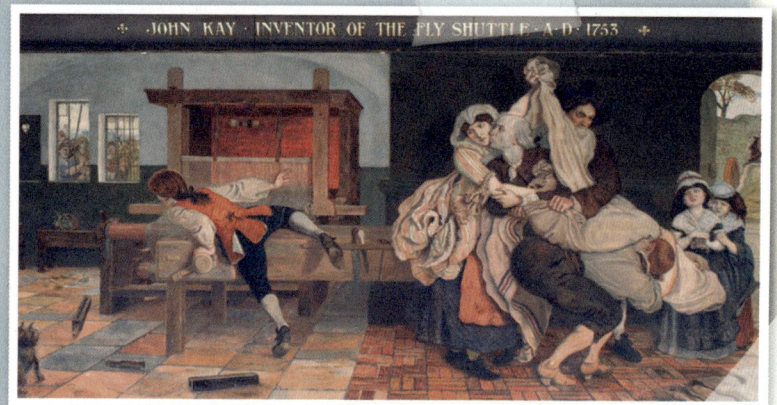

존 케이의 집을 습격한 직조공들, 영국의 화가 포드 브라운이 영국 맨체스터 시 정부 벽화에 그린 그림.

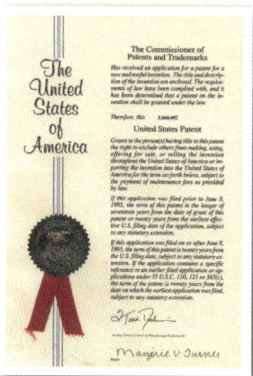

발명만큼 중요한 특허

뛰어난 발명을 했음에도 불구하고 그 권리를 인정받지 못한다면 얼마나 억울할까? 발명에 대한 권리를 인정받고 싶다면 즉시 특허청에 특허를 신청해야 한다. 발명가의 권리가 보장되지 않는다면 발명가 자신은 물론 발명가가 속한 나라에도 큰 손해가 된다. 발명가의 권리가 보장되기 시작한 것은 15세기 유럽에서였다. 최초의 특허법으로 알려진 것은 1474년에 만들어진 베니스특허법이었으며, 이어서 영국, 미국 등에서 특허에 관한 법률이 만들어졌다. 우리나라에서는 1908년 최초로 근대적인 특허 제도가 도입되었다.

출처: 〈어린이과학동아〉 통권 48호, 고호관(2008)

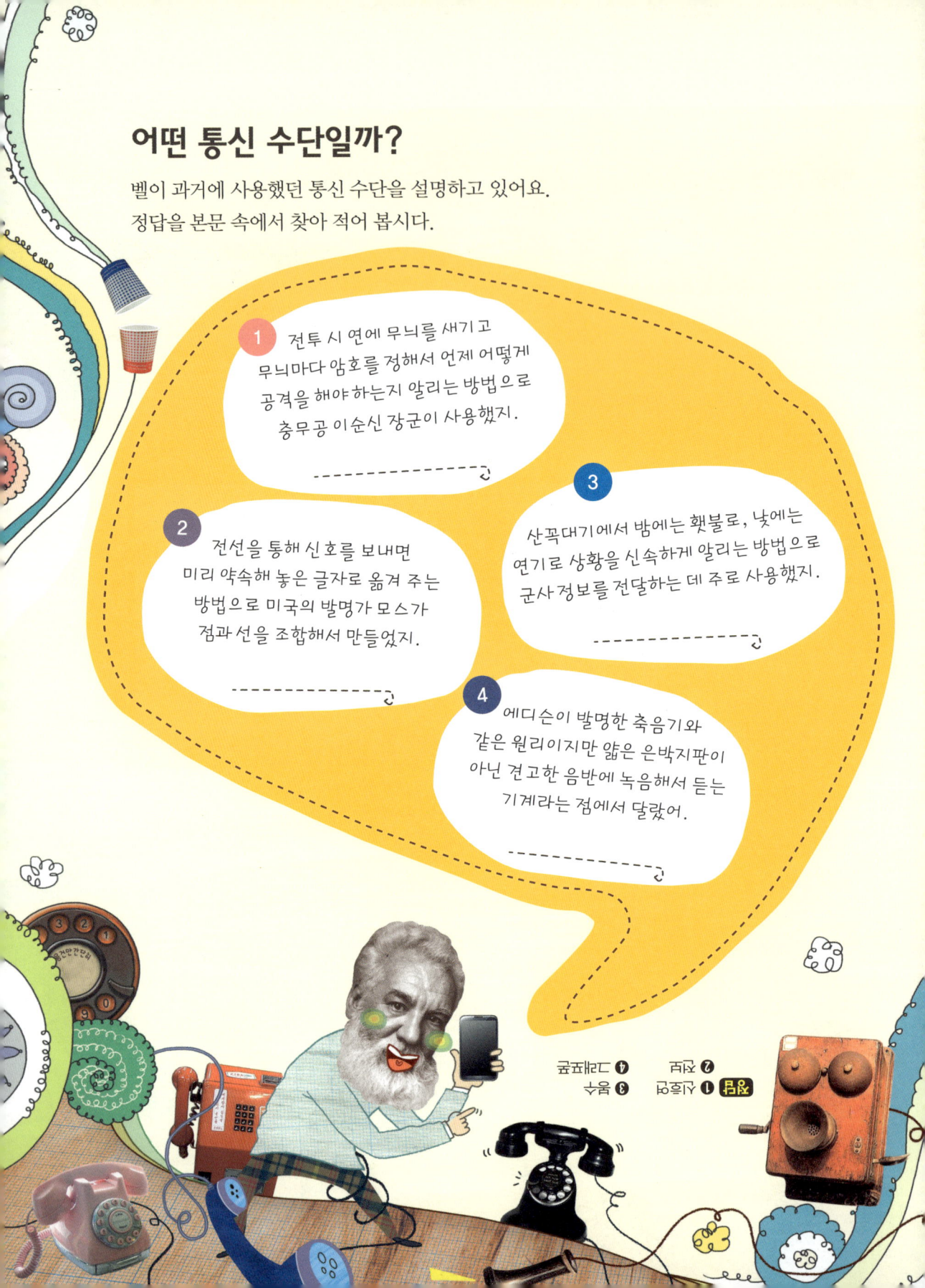

3장

위험한 발명 무기

무시무시한 핵무기

"아이고, 급하게 내리느라 정말 힘들었네. 여기가 자네 아버님이 입원을 하고 계시다는 병원인가?"

노벨이 눈앞에 하얀 건물을 보면서 말했어요. 아빠를 만나러 병원에 들어가려던 순간 태평이는 고민에 빠졌어요.

'이 아저씨들과 함께 들어가면 아빠, 엄마가 이상하게 생각할 텐데…….'

천국에서 온 발명가들이라고 하면, 믿지 않을 것이 분명했지요. 태평이는 마음이 자꾸만 초조해졌어요.

"자꾸 어디선가 덜그럭거리는 소리가 들리는데……."

벨이 정류장 앞에 서서 자꾸만 고개를 갸우뚱거렸지요. 태평이는 변

명거리를 생각하느라 벨의 말을 주의 깊게 들을 수 없었어요. 한참 고민을 하던 태평이가 좋은 생각이 났다는 듯 무릎을 탁 쳤지요.

"아저씨들! 병원 입구에 들어가면 의자가 있는 로비가 있어요. 텔레비전도 있을 테니 거기에 나란히 앉아서 가만히 기다리시면 돼요. 절대 다른 곳에 가시면 안 되고 그 자리에 가만히 있어야 해요!"

태평이가 병원 안으로 보이는 의자들을 가리키며 말했어요. 발명가들은 그런 태평이의 손끝을 쳐다보면서 크게 고개를 끄덕였지요.

"여기 의자는 푹신푹신한 것이 참 좋군."

의자에 나란히 앉은 발명가들이 푹신거리는 의자를 손가락으로 푹 찔러보면서 말했어요. 태평이는 마음이 놓이진 않았지만 아빠를 보고 싶은 마음에 얼른 아빠의 병실로 달려갔지요.

"그나저나 어디선가 자꾸 덜그럭거리는 소리가 들리지 않나?"

벨이 자신의 귀를 후비며 말했어요.

"아니, 아무런 소리도 들리지 않는데? 텔레비전에서 나는 소리 빼곤 말일세. 허허, 텔레비전을 통해서 다양한 소식도 듣고 재미있는 드라마도 본다는 소리는 들었지만 이렇게 화면이 선명하고 소리도 잘 들릴 줄은 몰랐네. 대단한 세상이야."

장영실이 텔레비전 속으로 들어가려는 듯 텔레비전 가까이로 얼굴을 가져다 댔지요. 텔레비전에서는 뉴스 속보가 한창이었어요.

"뉴스 속보를 알려드리겠습니다. 조금 전 북한이 핵무기 실험을 한 것으로 알려졌는데요. 오늘 오전 11시 57분 51초, 함경북도 길주군에서 리히터 규모 4.9의 인공 지진이 감지되었습니다. 북한은 내일 오후 10시에 미국과 중국에 제3차 핵 실험을 진행 중이라고 통보하였다고 밝혔습니다. 또한 앞으로도 4, 5차 추가 핵 실험이 있을 것이라고 밝혀 더욱 공포감을 조성하고 있습니다. 4차에 실험될 핵무기는 3차보다 더욱 클 것으로 예상됩니다."

뉴스에서는 앵커가 다급하게 북한의 핵 실험에 관해 보도를 하고 있었지요. 발명가들은 모두 앵커의 목소리에 귀를 기울였어요.

"핵무기가 처음 사용된 것은 제2차 세계 대전 때였습니다. 1930년대 후반 원자핵이 분열하면서 엄청난 에너지가 발생한다는 사실이 밝혀지자 많은 과학자들이 이를 이용해 무기를 개발하기 시작했습니다. 제2차 세계 대전이 터지자 미국은 적보다 먼저 원자 폭탄을 만들기 위해 애썼고 결국 1945년 원자 폭탄은 엄청난 위력을 과시하며 일본의 항복을 받아 냈습니다. 오늘날 원자력은 전기를 생산하는 등 평화적으로 쓰이지만, 핵무기의 위협은 여전히 사라지지 않고 있습니다."

뉴스에서 앵커와 기자의 보도는 계속되었어요. 텔레비전에서 보여 주는 핵무기의 성능은 어마어마했지요. 핵무기 하나로 도시뿐만 아니

1945년 8월, 일본의 히로시마와 나가사키에 리틀보이(little boy)와 팻맨(fat man)으로 불리는 2개 원자 폭탄이 각각 투하되었다. 이 원자 폭탄은 한순간에 모두 20만 여명의 목숨을 빼앗았고 일본은 8월 15일 무조건 항복을 선언했다. 사진은 서태평양에서 진행한 원자 폭탄 실험 장면.

라 나라 하나가 통째로 없어질 수도 있어요. 또한 핵무기에서 나온 방사능으로 방사능 피해를 입은 곳에서 살아가는 후손들은 팔, 다리가 없이 살아가야 하는 등 큰 고통이 따르고요. 뉴스를 보던 노벨이 고개를 푹 숙였어요.

"전쟁 무기가 전 인류를 위협할 만큼 발전했다는 것은 정말 슬픈 일이군. 내가 발명한 다이너마이트도 전쟁 무기로 사용될 줄 꿈에도 생각을 못했었지."

노벨의 말에 옆에 앉아 있던 에디슨이 그의 어깨를 토닥여 주었어요.
　"그래. 원래 의도에 맞지 않게 사용되는 발명품이 있기도 하지. 하지만 그건 자네 탓이 아니야. 그걸 사람을 죽이는 무기로 사용하는 사람들의 의도가 나쁜 것이지. 그러고 보면 과학 기술이 발전하면서 자연스럽게 무기도 발달하게 되었군. 아니, 무기의 발전 덕분에 과학 기술이 발전하는 것일까?"
　노벨의 말에 다른 발명가들도 답답하다는 한숨을 내쉬었어요. 과학의 발달로 더 좋은 발명품이 나오고 그 성능이 좋아지는 것은 당연하다고 생각하지만, 그것이 꼭 좋은 쪽으로만 사용되는 것은 아니라는 사실 때문에 속이 상했지요.

무기는 왜 생겨났을까?

　"그런데 도대체 무기는 언제부터 생겨난 것이지? 왜 무기가 필요했을까? 아주 옛날에는 지금처럼 전쟁을 할 일도, 사람에게 위협을 가할 일도 없었을 텐데 말이야."
　장영실이 턱에 난 긴 수염을 어루만지면서 말했어요. 다른 발명가들도 장영실의 말에 고개를 끄덕였지요. 그때 노벨이 나섰지요.

"그건 내가 잘 알고 있지. 내가 발명한 다이너마이트 때문에 수많은 생명이 순식간에 죽음을 맞았지. 나는 그 사실이 너무나 두렵고 무서워서 도대체 언제부터 무기가 생겼고, 왜 이렇게 우리를 위협하는지에 관해 심각하게 연구해 본 적이 있어."

벨은 말을 이어갔어요.

"원시인 때부터 무기는 있었어. 결국 지구에 인간이 존재하면서부터 계속 무기는 존재해 왔던 거야. 무기와 인류는 절대로 뗄 수 없는 관계인 셈이지. 무기가 필요했던 가장 큰 이유는 자연과 야생 동물로부터 자신을 보호하기 위해서였어. 또 동물을 사냥하기 위해서 무기를 만들고 사용해야 할 필요가 있었지."

"그러니까 결국 먹고 살기 위해서 무기가 발명되었다는 거군."

노벨의 설명을 들으며 장영실이 고개를 끄덕였어요.

"하지만 정말 슬픈 사실은 점차 인간 사회가 빠른 속도로 문명화하면서 인류는 자연이 아닌 인류를 상대로 서로 공격하고 방어해야 하는 삶을 살게 된 거지. 자신을 보호하고 식량을 얻기 위한 목적과는 달리 사람을 해치고 죽이는 데에도 무기를 사용하기 시작했어."

노벨은 목을 가다듬고 다시 말을 이었어요.

"고대 사람들은 대부분 돌로 무기를 만들어 사용하다가 구리와 철과 같은 금속을 발견하면서부터 이것을 녹여 돌보다 훨씬 단단하고 날카

로운 칼과 창을 만들 수 있게 되었어. 하지만 인류는 여기서 그치지 않고 멀리 있는 적도 효과적으로 물리칠 수 있는 활을 개발했고 곧이어 화살을 막을 방패와 금속 갑옷도 개발되었어. 덕분에 인류의 정복 전쟁은 가속도가 붙었지."

"자네가 만든 다이너마이트와 같은 화약 무기는 언제 나타난 건가?"

노벨이 고대의 무기를 설명하자 장영실이 물었어요. 고대의 전쟁 때에는 폭발로 적을 위협할 수 있는 무기가 없었는지 궁금했기 때문이지요.

"화약의 폭발력을 이용한 무기인 총이나 대포는 13세기경 발명되었어. 이런 화약 무기를 대량으로 만들기 위해 금속 산업이 크게 발전하게 되지. 그런 과정에서 대포와 총도 발명되었어. 내가 만든 다이너마이트는 사실 광산이나 건설 현장에서 폭발 사고로 사람이 다치는 걸 막기 위해 발명한 거야. 그 전에는 공사 현장에서 액체 폭탄을 사용했는데 불안정해서 폭발 사고가 많이 일어났거든. 그런데 나의 발명품이 전쟁터에서 무기로 사용되기 시작했지. 나는 다이너마이트 때문에 큰돈을 벌었지만 마음이 편하지 않았어. 그래서 나의 유산을 스웨덴 과학아카데미에 기부하여 노벨상을 만들었지."

비잔틴 제국의 군대에서 사용하던 화약 무기 '그리스의 불'은 물로 잘 꺼지지 않았고 수면 위에서도 계속 불이 타오르는 특성을 가지고 있었다.

"마음이 아프겠구먼."

장영실이 풀이 죽은 노벨을 위로했어요. 그때 라이트 형제가 끼어들어 말했어요.

"그러고 보니 우리가 만든 비행기를 가장 처음 지원해 준 사람들도 미국의 군인들이었어. 전쟁 시에 공중 전투를 하기 위해서였지. 우리는 단순히 하늘을 나는 꿈을 이루기 위해서 비행기를 발명한 것이지 사람들을 해치기 위해서 만든 것이 아니었는데 말이야."

힘이 쭉 빠진 목소리로 노벨이 조그맣게 말했어요.

"나는 정말 이렇게 많은 사람들이 내가 만든 다이너마이트로 인해 죽게 될 줄 몰랐어. 나는 매일 아침 인류의 평화를 위해 기도한다네"

 전쟁 무기의 피해

"아저씨들!"

발명가들이 노벨의 이야기를 들으며 마음이 무거워졌을 때였어요. 계단을 내려 온 태평이가 발명가들을 부르며 반갑게 달려왔지요.

우당탕탕!

"아이고, 아파라!"

서둘러 뛰어오던 태평이는 휠체어를 타고 지나가던 할아버지 한 분과 부딪히고 말았어요. 태평이는 벌떡 일어났지만, 다리가 불편한 할아버지는 휠체어가 넘어지는 바람에 일어나지 못하고 있었어요.

"할아버지, 괜찮으세요? 죄송해요. 다치지는 않으셨어요?"

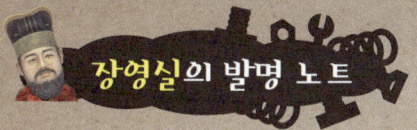

최무선과 화학 발명

우리나라에도 최초로 화약을 만든 사람이 있었다네. 바로 고려 말부터 조선 초까지 살았던 최무선 장군이야.

고려 말에는 우리나라를 넘보려는 나라들이 많았다네. 특히 일본은 고려로 쳐들어오려고 호시탐탐 기회를 노리고 있었지. 최무선은 일본의 침략을 단번에 막아낼 방법을 고민하고 있었지. 중국에서 사용되는 화약만 한 것이 없다고 생각하고 있었으나 당시 화약을 만드는 방법은 중국에서도 군사 기밀에 해당하는 아주 알기 어려운 정보였네.

최무선은 화약 무기가 발달한 중국의 상인들을 만나러 다녔어. 그러던 중에 이원이라는 원나라 상인을 만나게 되었는데 그를 극진히 대접하며 화약을 만드는 방법을 은근히 물어보았지. 결국 이원에게 흙으로부터 화약 원료를 추출하는 방법을 배운 최무선은 우리나라만의 화약을 발명하는 데 성공했지.

최무선은 임금에게 건의하여 1377년 처음으로 화약을 만드는 기관인 '화통도감'을 설치하고 화약을 만드는 데 힘썼어. 덕분에 화약을 이용하여 우리나라로 쳐들어오려던 일본 사람들을 무찌를 수 있게 되었지. 대표적인 싸움이 '진포대첩'이라네.

태평이는 놀라서 할아버지를 일으켜드리려고 했지요. 하지만 쉽지 않았어요. 그 모습을 보던 발명가들이 모두 태평이에게 달려와 할아버지를 도와드렸지요.

"콜록콜록, 참 좋은 분들이시군요. 고마워요."

할아버지가 기침을 하면서 발명가들에게 인사를 건넸지요.

"할아버지, 괜찮으세요?"

태평이가 울상이 되어서 할아버지를 바라보았어요.

"내 다리가 이렇게 된 건 6.25 전쟁 때문이란다. 그러니 신경 쓰지 말거라. 응?"

할아버지는 딱딱한 손으로 울상이 된 태평이의 얼굴을 한 번 쓸어 주었지요. 태평이는 무릎 밑으로 잘린 할아버지의 한 쪽 다리를 쳐다보았어요.

"지금은 적응이 되어 그렇게 불편하지 않아. 그때에는 너나 할 것 없이 청년들이라면 모두 전쟁터에 나가서 북한군과 싸워야 했단다. 그러던 어느 날 북한군이 설치해 놓은 지뢰를 밟은 거야."

"지뢰요?"

"지뢰는 총과 대포 같은 화약인데 한 번 밟으면 바로 터져 버리지. 북한군이 땅 속에 몰래 묻어 둔 지뢰를 내가 실수로 밟는 바람에 어떻게 손 써 볼 도리도 없이 다리를 잃었어. 그래도 치료를 잘 받은 덕분에 생명은 부지했어. 나는 운이 좋은 편이야. 지뢰를 밟은 사람들은 대부분 살아남기 힘들거든."

6.25전쟁을 회상하는 할아버지의 목소리가 미세하게 떨려 왔어요. 태평이는 지금도 아플 것 같은 할아버지의 다리에 손을 대 보았지요. 자신의 다리와 조금은 다른 모습이었지만 따스한 온기가 느껴졌어요. 두 다리를 다시 가질 수는 없겠지만, 할아버지가 더는 아파하지 않았으면 좋겠다고 생각했지요.

"꼬마야, 너는 전쟁이 없는 아주 평화로운 삶을 살길 바라마."

태평이가 할아버지와 두 손을 꼭 맞잡았을 때였어요. 간호사가 할아버지를 찾으러 왔지요. 태평이는 휠체어를 타고 병실로 돌아가는 할아버지의 뒷모습을 돌아보았어요. 짧은 만남이었지만, 할아버지도 태평이가 마음에 쓰이시는 듯 했어요.

"그렇지 않아도 무기에 관해서 이야기하고 있던 찰나였는데 무기로 인해 피해를 받은 할아버지를 만나 보니 마음이 안쓰럽군."

장영실이 목 뒤를 쓸어내리면서 말했어요.

"무기요?"

아빠의 병문안을 다녀오느라 이야기를 못 들은 태평이가 물었지요.

"그래. 무기가 언제부터 사용되었는지, 또 노벨은 어떻게 다이너마이트를 발명했는지 말이야. 텔레비전에서는 북한이 핵무기 실험을 했다고 난리더구나. 단순한 돌멩이로부터 시작한 무기가 도시를 통째로 없애 버릴 수 있는 핵무기까지 왔으니 앞으로가 걱정이야."

장영실이 계속 이어지는 뉴스 속보를 보면서 중얼거렸어요.

"음……. 아저씨! 저는 먹고 싶은 음식들을 마구 쏘아 대는 무기가 생겼으면 좋겠어요. 배가 고픈 사람들에게는 음식을 나누어 줄 수도 있고, 가끔씩 내가 배고플 때 먹을 수도 있잖아요. 아니면, 폭탄은 뭔가 터지는 거잖아요. 그럼 폭탄 위에다가 옥수수를 올려놓고 터트리는 건 어때요? 그럼 팝콘이 엄청 많이 나올 수 있지 않을까요? 아저씨. 그런 무기는 발명할 수 없어요?"

태평이가 노벨의 팔을 붙잡고 물었지요.

"뭐 팝콘? 이 녀석, 허허허."

태평이의 말에 노벨이 웃음을 터트렸어요.

"이 정도 속도로 과학이 발전하다 보면 분명히 핵무기보다 더 파괴력이 뛰어난 무기가 등장할 거야. 한 도시가 아니라 전 세계를 한번에 없애 버릴 수 있는 그런 무기 말이야. 하지만 무기는 결코 자신들을 위한 것이라는 생각을 하지 않아야 하네. 그건 '나'를 지키는 것이 아니라, 결국 우리 모두를 위협하는 존재가 될 테니……. 그러면 무기 개발에 조금 더 신중해지지 않을까? 어쨌든 나의 뒤를 이어 갈 후배 발명가들은 인류의 평화를 원하는 멋진 친구라면 좋겠어."

태평이와 노벨, 그리고 발명가들은 한참 동안을 무기에 대해 고민했어요. 그 바람에 까마득히 몰랐지요. 누군가 지켜보는 시선이 있다는 걸 말이에요.

토론왕 되기!!

원자 폭탄 발명을 후회한 과학자

제2차 세계 대전을 끝내려고 미국 정부는 인류 최초의 핵무기인 원자 폭탄을 비밀리에 만들기로 결정했다. 이것이 바로 '맨해튼 프로젝트'라고 불리는 원자 폭탄 제조 물건을 만듦 계획이다. 이 프로젝트는 독일이 앞서 원자 폭탄을 개발하고 이용할 것을 두려워한 아인슈타인이 당시 프랭클린 루스벨트 미국 대통령에게 보낸 편지가 계기가 되었다. 1942년 미국 정부는 원자 폭탄 개발을 위해 서둘러 연구실, 실험실, 제조 시설을 건설했고 총책임자로 미국 물리학자 오펜하이머를 지목했다. 이 프로젝트로 '리틀 보이(Little Boy)'와 '팻맨(Fat Man)'으로 불리는 2개의 원자 폭탄이 만들어져 1945년 8월 6일과 9일 일본 히로시마와 나가사키에 각각 투하 아래로 떨어뜨림 되었다. 순식간에 두 도시와 20만 여명의 목숨이 사라졌다.

세계 최초의 원자 폭탄 제조를 감독한 과학자, 오펜하이머(1904~1967)

전쟁은 끝이 났지만 오펜하이머는 원자 폭탄이 수많은 사람을 죽게 했다는 자책감에 시달렸다. 그는 1945년 9월 맡고 있던 연구소 소장 자리를 떠나며 대통령에게 "내 손에 피가 묻어 있습니다"고 호소^{남에게 하소연함}했다. 그 후 오펜하이머는 원자력 에너지 자문 위원회 의장을 비롯한 여러 활동을 맡으며 핵무기 사용을 반대하는 주장을 펼치고 핵무기 사용 규제를 위한 법률을 만들 것을 국제 연합(UN)에 요구하기도 했다. 이 때문에 미국의 핵무기 개발 능력을 더 키워야 한다고 생각하는 세력으로부터 반미주의자로 몰려 어려움을 겪기도 했다. 오펜하이머는 1967년 후두암으로 세상을 떠났다.

오펜하이머의 삶을 따라가다 보면 원자 폭탄과 같이 사회적 파장이 큰 과학 기술을 연구하는 과학자들의 윤리에 대해 다시 생각해 보게 된다. 실제로 원자 폭탄을 만든 과학자 대부분이 그 사용을 반대하는 모순적인 모습을 보이기도 했다. 만약 당신이 전쟁을 빨리 끝내야 하는 책임을 진 과학자라면 어떤 선택을 할 것인가? 과학자의 책임감과 윤리 의식은 현대 사회에도 여전히 갈등을 일으키고 있는 딜레마^{이러지도 저러지도 못하는 상황}이다.

무기와 과학은 같이 발전한다?!

인류는 전쟁에서 승리하고 나라를 보호하기 위해 무기를 만들었습니다. 그리고 그 성능을 높이기 위해 많은 노력을 했습니다. 우수한 무기를 가진 나라는 역사 속에서 강대국으로 이름을 떨쳤지요. 그런데 무기가 과학을 발전시켰다면 믿어지나요? 무기는 전쟁터에서 사람의 목숨을 빼앗기도 했지만 과학을 발전시켜 문명의 진보를 낳았지요.

고대

순수한 금속만을 분리하는 기술을 '제련술', 금속을 녹여 원하는 형태로 만드는 기술을 '야금술'이라고 한다. 금속을 다루는 기술이 발달한 나라는 금속 무기의 힘을 바탕으로 정복 전쟁을 시작했다.

그리스에서 발견된 1세기경 로마 제국의 전차 흔적과 말의 뼈. 사람의 힘으로 들 수 없는 무거운 식량과 물자를 쉽게 운반할 수 있게 해 준 바퀴 덕분에 인류의 전쟁은 가속도가 붙었다.

인터넷 역시 무기 덕분에 탄생했다. 미국은 소련이 쏘아 올린 인공 위성이 미국의 정보망을 마비시킬 것을 두려워해 각 컴퓨터끼리 연결될 수 있는 방법을 개발하였는데, 이것이 인터넷의 시초가 되었다.

컴퓨터는 원래 제1차 세계 대전 때 장거리 포탄과 미사일의 명중 지점을 계산하기 위해 탄생했다.

원자 폭탄은 인류가 만들어 낸 무기 중 가장 큰 파괴력을 가졌다. 원자 폭탄 덕분에 미국은 제2차 세계 대전에서 승리했지만 너무나 끔찍한 결과 때문에 전 세계적으로 사용을 금지하고 있다.

중세

사람뿐 아니라 건물을 공격할 때 무거운 돌을 던져 공격하는 투석기. 로마와 고대 중국에서 사용된 후 중세 대부분의 전쟁에서 쓰였다.

임진왜란 때 사용된 조선수군의 화포. 당시 중국과 우리나라의 화약 기술은 세계에서 가장 뛰어났다.

유럽 국가들이 아메리카 대륙을 식민지로 만들기 시작한 16세기, 가장 우수한 함대를 가진 국가가 가장 강한 국가였다.

근대 (산업 혁명)

총은 대포와 비슷한 시기에 발명되었지만 너무 크고 물에 젖으면 사용하지 못하는 단점이 있었다. 하지만 19세기 유럽의 무기 공장에서 크기가 작고 방수성이 뛰어난 머스킷총이 대량으로 생산되면서 총은 가장 무서운 무기가 되었다.

부력을 조절해 잠수를 할 수 있고 바닷속 깊은 곳에서 어뢰를 발사해 배를 침몰시키는 잠수함은 바다에서 가장 무서운 무기가 되었다.

현대

세계 최초의 탱크는 제1차 세계 대전이 발발한 1914년, 독일군의 강력한 기관총과 대포를 뚫기 위해 영국 육군의 스윈튼 중령이 발명하였다. 엄청난 위력을 발휘한 탱크는 이후 각국에서 다양한 형태로 발전하였으며 현재 가장 강력한 지상 무기다.

출처: 〈어린이과학동아〉 통권 48호, 김경우(2006)

어느 시대에 발명되었을까?

노벨이 다양한 무기의 사진을 들고 있어요.
어느 시대에 발명된 무기인지 짝을 찾아보아요.

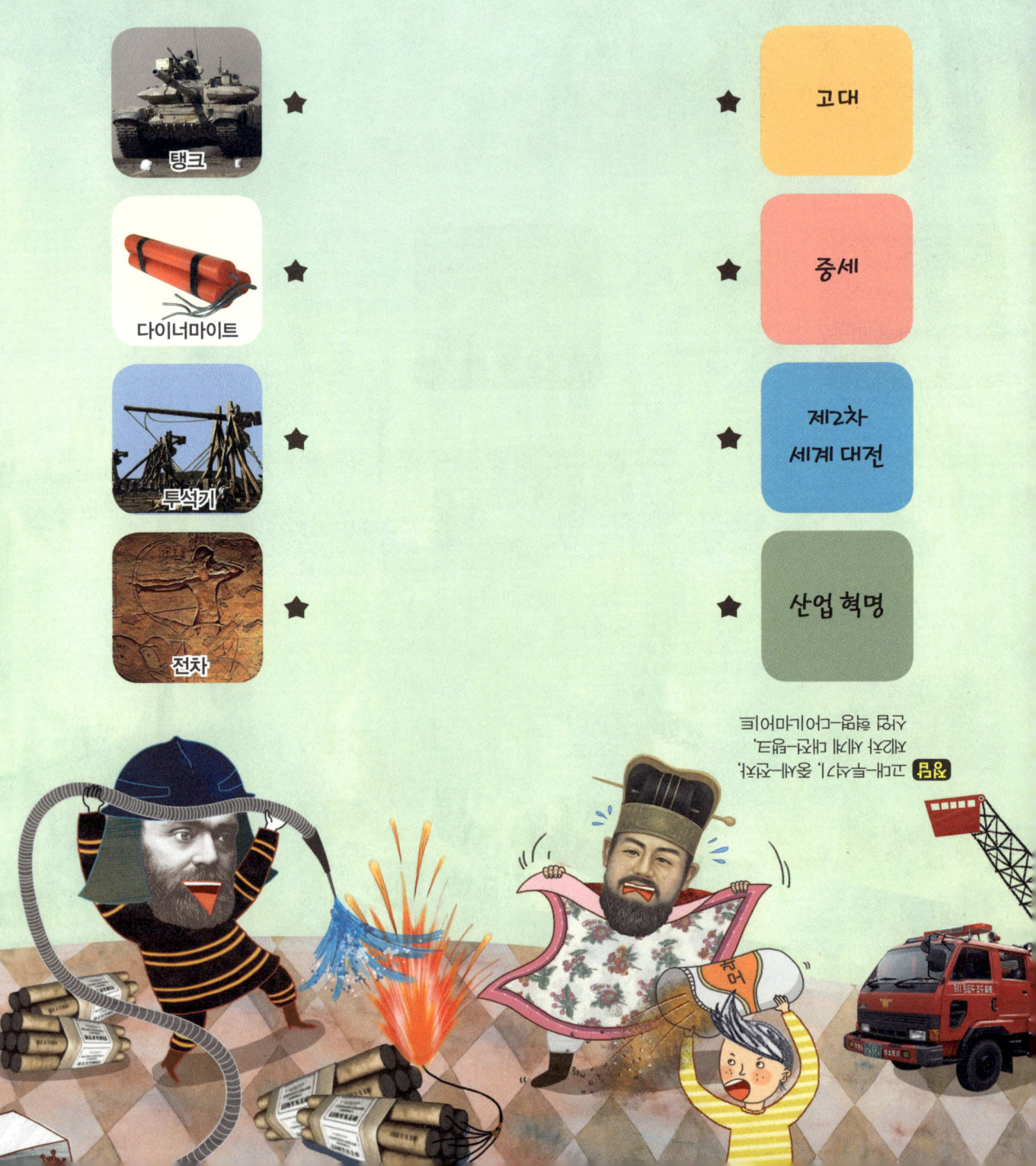

4장

신기한 발명 로봇

수상한 소리의 주인공

"그런데, 태평이. 아버지는 괜찮으신가?"

장영실이 걱정스럽게 물었지요.

"네. 다음 주에 퇴원하신대요. 아차! 집에 가는 길에 도서관에 들러야 해요. 아빠가 빌린 책을 대신 반납해 달라고 하셨거든요."

태평이가 병원을 나서자 발명가들도 줄줄이 태평이를 쫓아갔어요. 그때였지요. 태평이와 발명가들을 한 로봇이 막아섰어요.

"안녕하세요. 나는 로봇 로티라고 해요."

느닷없이 나타난 로봇의 등장에 태평이와 발명가들은 깜짝 놀라 자빠질 뻔했어요.

"누, 누, 누구세요?"

"저는 고장 난 다리와 팔을 고쳐 줄 박사님을 찾고 있어요. 사람들은 아플 때 병원을 찾아가니까 저도 병원 주변을 맴돌았어요. 그러다가 당신들을 발견했어요. 나를 고쳐 줄 박사님들!"

로티는 깜짝 놀라 눈을 껌벅이고 있는 노벨과 에디슨의 손을 잡았어요. 로티는 멋진 몸과 머리에 비해서 형편없는 팔과 다리를 갖고 있었어요. 어디에 부딪힌 것인지 반쯤 부러진 다리에서는 계속 덜그럭거리는 소리가 났고, 팔에서는 삐거덕거리는 소리가 들렸지요. 한눈에 보기에도 많이 아파 보였어요.

"아, 아까부터 들려오던 덜그럭거리는 소리가 바로 자네였구먼! 반갑네. 로티!"

벨은 자신의 귀를 한 번 만지고는 로티에게 악수를 청했지요. 태평이는 갑자기 머리가 복잡해졌어요. 오늘 처음 만나 어디로 데려가야 할지 막막한 발명가 아저씨들이 여섯 명이나 있는데 여기에 로봇까지 함께 다녀야 한다니 끔찍했지요. 태평이는 로티의 귓가에 입을 가져다 대고는 "로봇씨. 아니, 로티! 여기에는 당신을 고쳐 줄 만한 박사님이 없어요. 다른 데 가 보세요."라고 속삭였어요.

"안 돼요. 이분들은 나를 고쳐줄 박사님들이에요. 나는 이분들을 따라가야 해요."

신기한 발명, 로봇

　로티는 막무가내로 노벨과 에디슨의 손을 붙잡았지요. 그 모습을 보던 태평이가 한숨을 내쉬었어요.
　"어휴, 이제는 나도 모르겠다. 몰라!"
　태평이는 자포자기의 심정으로 도서관으로 향했지요. 물론 발명가들과 로티도 함께 말이에요.

토요일 저녁이라 도서관에서 일하는 사서 선생님은 이미 집으로 돌아간 후였지요. 주변을 둘러보던 태평이는 당당하게 도서관 안으로 들어가서 무인 기계를 찾았어요. 그러고는 책을 기계에 올려놓고 반납 버튼을 눌렀지요. 조금 기다리자 반납 처리가 완료되었다는 메시지가 나타났어요.

"아니, 태평이! 지금 무얼 하는 겐가?"

장영실이 눈이 휘둥그레져서 물었어요.

"책 반납했잖아요. 책을 올려놓고 버튼만 누르면 이 기계가 혼자 알아서 다 해요."

태평이는 뭘 그렇게 당연한 것을 묻냐는 듯 대답했지요.

"이 안에 누가 숨어 있는 것은 아니고? 이 기계가 어떻게 이 책이 뭔지를 알 수 있단 말인가? 안 되겠어. 내가 이 기계를 열어 보아야 속이 시원하겠네."

장영실이 무인 기계를 마구 흔들면서 말했어요. 그 모습을 지켜보던 태평이가 당황해서 장영실을 말렸어요.

"아저씨, 여기서 이러면 안 돼요. 기계가 망가진단 말이에요!"

그때였어요. 그 모습을 구경하던 로티가 무인 기계 옆으로 다가왔지요.

"내 친구예요. 도서관 무인 기계, 도서관 로봇이죠. 책을 빌려 가는 것과 책을 다시 도서관에 반납하는 것 도와주죠. 사람이 없어도 모두 우리 로봇들이 할 수 있어요."

로티는 장영실에게 친절하게 가르쳐 주듯이 설명했어요. 발명가들은 신기한 듯 로티의 설명에 모두 고개를 끄덕였어요.

"하, 정신이 하나도 없네."

도서관에 들렸다가 집에 도착한 태평이는 냉장고 문을 열고 벌컥벌컥 물을 꺼내 마셨어요. 그때 로봇 청소기가 태평이의 발 옆으로 다가왔지요. 답답한 마음에 태평이는 로봇 청소기를 발로 차 버렸어요. 청소하는 방향이 바뀐 로봇 청소기는 다른 곳으로 이동했지요.

거실의 소파에 앉아서 멀뚱멀뚱 서로의 얼굴만 쳐다보던 발명가들은 자신들에게 다가오는 로봇 청소기 때문에 놀라서 모두 자리에서 벌떡 일어났어요.

"당신은 또 누구신가?"

"옆 날개가 있어. 새로 발견된 곤충 같은 것 아니겠어?"

발명가들은 거실을 청소하러 돌아다니는 로봇 청소기를 보고는 놀라서 물었어요. 하지만 로봇 청소기는 아무런 대답이 없었지요.

"로봇 청소기도 내 친구예요. 청소를 하도록 만들어졌죠. 로봇 청소기는 사람이 없는 곳을 계속해서 돌아다니면서 청소를 해요. 아주 깔끔한 친구죠."

로티가 로봇 청소기의 전원 버튼을 누르면서 말을 계속 했어요.

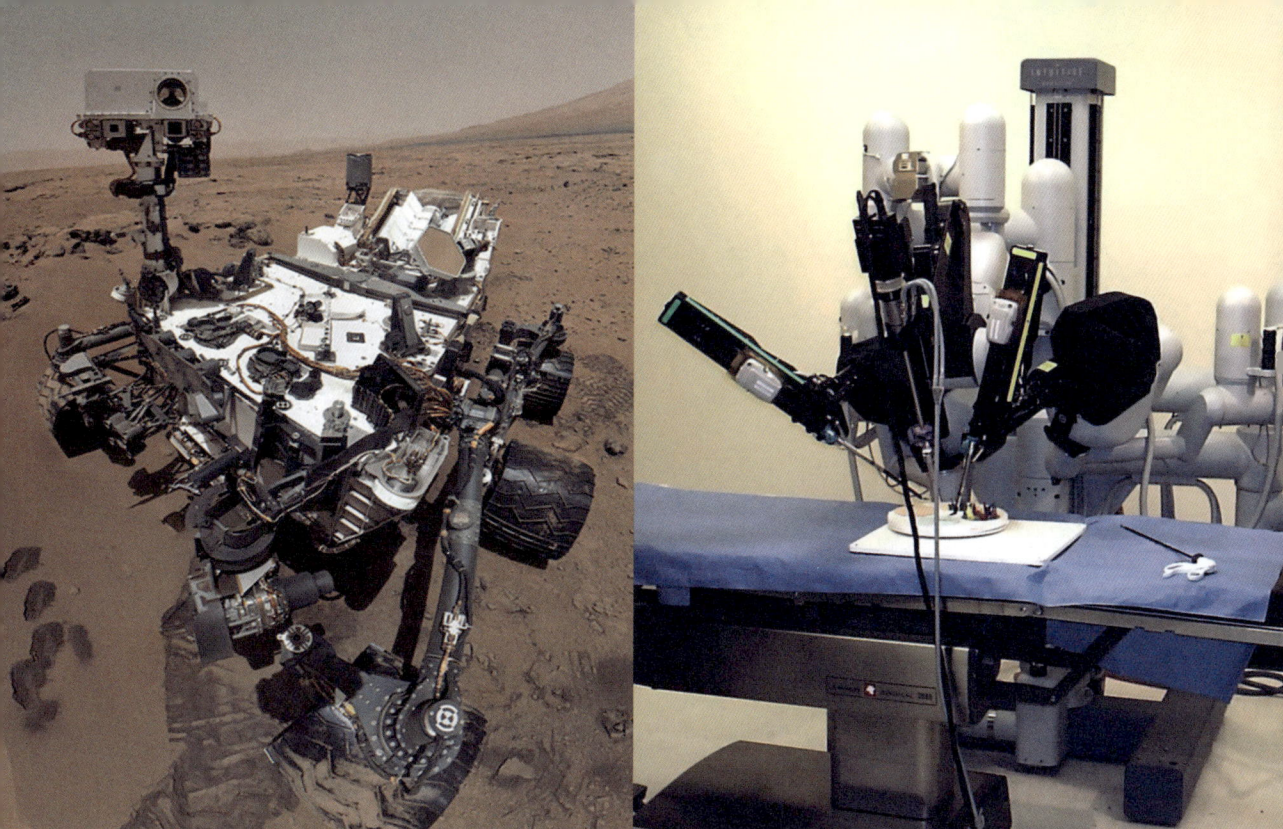

로봇은 사람이 갈 수 없는 화성 같은 곳에 대신 가서 탐사를 하기도 하고, 사람의 손으로 할 수 없는 정밀한 의학 수술을 하기도 한다.

"이렇게 누르면 가만히 있어요. 무서워하지 마세요."

로티의 말에 놀라서 침만 꼴깍 삼키던 장영실이 중얼거렸지요.

"뭐야! 죄다 로봇이로군. 도서관에도 로봇이 있고, 집에도 로봇이 있어. 로봇이 사람들이 해야 할 일을 모두 하고 있잖아!"

"당연하죠. 로봇은 사람들을 위해서 만들어 졌어요. 사람들이 하기 불편한 일들을 대신하거나 조금 더 쉽게 해 주는 역할을 한답니다. 우리는 나쁘지 않아요. 사람을 편하게 해 주기 위해서 발명되었으니까요."

로티가 밝고 씩씩한 목소리로 말했어요.

자동으로 움직이는 기계, 로봇

"로봇은 사람이 하는 일을 대신 하거나 도움을 줄 수 있어야 해요. 또한 스스로 움직여야 하지요. 거기에 주변의 상황에 스스로 반응을 할 수 있으면 완벽한 로봇이라고 말할 수 있을 거예요. 지금과 같은 로봇이 등장하기 이전에는 자동 장치가 먼저 발명되었어요. 자동 장치를 완성시키는 것이 로봇 만들기의 첫 단계라고 볼 수 있지요. 자동 장치의 역사는 지금부터 약 2000년 전 고대 그리스에서 시작돼요. 그때 처음 무게추와 도르래를 이용한 자동문이 발명되었거든요."

로티가 자연스럽게 이어서 이야기했어요.

"사람을 도우며 자동으로 움직이고, 주변의 상황에 스스로 반응을 할 수 있으면 로봇이라고 볼 수 있는 거군. 그렇다면 내가 만든 자격루도 일종의 로봇 아닌가?"

덕수궁 내 궁중 유물 전시관에 전시 중인 자격루

장영실이 눈을 반짝이며 물었어요. 장영실이 발명한 자격루는 조선 시대 때 최초로 발명된 자동 시계였지요. 장영실이 시계를 발명하기 전까지 사람들은 때를 맞춰서 농사일을 하기 쉽지 않았어요. 그런 모습을 안타깝게 생각했던 장영실이 연구 끝에 만들어 낸 것이 자동 물시계였어요. 일정하게 물이 떨어진다면 그 양을 재서 자동으로 시간을 알릴 수 있지 않을까 생각하게 된 것이지요.

"맞아요. 자격루는 두 시간마다 한 번씩 그 시각에 해당하는 인형이 밑에서 올라와 북과 징을 치면서 시각을 알려 주는 자동 시계예요. 그러니까 자격루도 일종의 로봇이라고 볼 수 있어요."

"하하! 그렇다면 내가 바로 로봇을 만든 사람이 아닌가?"

장영실이 으스대듯 말했어요.

"하지만 자동 장치가 있다고 해서 완전한 로봇으로는 볼 수 없어요. 18세기 유럽에서는 움직이는 인형이 크게 유행을 했어요. 자동으로 음악을 연주하는 인형이나, 대신 글씨를 써 주는 인형들도 등장했지요. 로봇은 점차 발전을 해서 사람과 비슷한 모습을 갖추게 되었어요."

그때 로티의 말을 끊고 에디슨이 끼어들었지요.

"맞아. 생각해 보니, 나도 로봇을 만든 적이 있는 것 같아. 나는 말하는 인형을 만들었거든. 여섯 개의 양철 조각으로 이루어진 인형이었는데, 내가 그 안에다 축음기를 넣어 두었어. 인형의 등에 있는 태엽을 감으면 음악이 흘러나오는 것이었지. 그렇다면 나도 로봇의 발명가가 되겠군. 그런데 도대체 그 로봇이라는 단어는 어디서 나온 거지?"

에디슨의 말에 로티는 또 다시 모르는 것이 없다는 듯 말을 이었어요.

"로봇이라는 말을 처음 사용한 사람은 체코슬로바키아의 작가 카렐 차페크예요. 차페크는 체코어의 '로보타'에서 글자를 따서 로봇이라는 단어를 만들었지요. '로보타'는 강제 노동이라는 뜻을 갖고 있어요. 1920년 차페크가 쓴 연극 대본을 보면 로봇이 등장해요. 그때부터 사람을 위해 일을 하는 기계를 보통 로봇이라고 부르기 시작했어요. 이후 로봇은 사람들의 삶을 더욱 더 편리하게 만들어 주려고 발전했고 로봇의 종류도 아주 많아졌어요."

로티의 말을 열심히 듣던 태평이는 문득 궁금증이 생겼어요.

"그런데 로티, 너처럼 멋진 로봇이 도대체 왜 버려졌어?"

"휴우……. 나는 완벽한 로봇을 만들려고 하는 연구소에서 탄생했어요. 내 머리에 수십 개의 줄을 연결시켜 놓고 무엇인가 실험을 하던 박사님이 어느 날부터 나를 보고 한숨을 푹 쉬었어요. 실험을 하던 중에 내가 어떤 기능이 부족하다는 걸 발견했나 봐요. 며칠 후 나는 쓰레기장으로 보내졌어요. 그 과정에서 팔과 다리가 부러져 버렸지만 나는 다시 멋진 로봇이 되는 게 꿈이예요."

노벨과 에디슨은 멋쩍은 듯이 머리를 긁적였지요. 태평이는 발명가들을 조르기 시작했어요.

"아저씨들 대단한 발명가들이라면서요. 로티를 고쳐 줄 수 없어요?"

로봇이 좋기만 할까?

　발명가들은 태평이가 가져온 떡 한 접시를 놓고는 옹기종기 모여 앉았어요. 종일 아무것도 먹지 못한 발명가들은 떡을 나누어 먹으면서 함박웃음을 지었지요. 태평이는 그런 발명가들을 보면서 자꾸만 걱정이 되었어요.
　'삼촌이 오기 전에 빨리 아저씨들을 돌려보내야 할 텐데…….'
　태평이는 떡을 야무지게 먹고 있는 에디슨 옆으로 가서 물었어요.
　"에디슨 아저씨, 아저씨가 발명한 전선이 잘못돼서 여기로 왔다고 하셨죠? 그렇다면 다시 고쳐서 천국에 돌아갈 생각은 없으세요?"
　에디슨은 그런 태평이의 말을 듣는 둥 마는 둥 떡을 우걱우걱 씹으면서 로티를 앞뒤로 관찰하고 있었어요. 로티의 팔과 다리를 툭툭 쳐보기도 하고 머리를 주의 깊게 살펴보기도 했어요.
　"음, 잘하면 고칠 수도 있지 않을까?"
　벨은 혼잣말을 하며 계속해서 로티를 살폈어요.
　"태평아, 삼촌 왔다!"
　그때, 현관 비밀번호를 눌리는 소리가 나더니 갑자기 삼촌이 들어왔어요. 너무나 놀란 태평이는 그대로 얼어붙었고, 발명가들은 아무런 상관이 없다는 듯 계속해서 떡만 먹고 있었지요.

"아니, 이 사람들 다 누구야?"

삼촌은 낯선 사람들을 보고 놀라서 현관 옆에 놓여 있던 야구 배트를 들어 올렸어요.

"사, 삼촌, 잠시만! 일단, 나쁜 사람들은 아니야! 오늘 사귄 친구들이라고!"

태평이의 다급한 말에 삼촌은 천천히 야구 배트를 내려놓았어요.

"친구? 너 부모님이 안 계시다고 집에 이렇게 사람들을 불러오면 어떡해. 저 깡통 로봇은 뭐고?"

"음, 그러니까. 아마 삼촌도 알 수도 있는 사람들이고……. 아무튼 이상하긴 해도 나쁜 사람들은 아니야. 그런데 삼촌, 오늘 일하는 날 아니야?"

태평이는 화제를 돌리려고 급히 질문을 했어요. 발명가들을 의심스런 눈초리로 노려보던 삼촌이 쓸쓸한 목소리로 말했어요.

"안 그래도 그 일 때문에 힘들어 죽겠다."

"무슨 일인데?"

"삼촌이 지하철역에서 일을 하고 있잖아. 그런데 지하철에 자꾸 무인 시스템이 도입된다는 거야. 교통 카드를 충전하는 것도 기계가 하고, 이용 요금을 받는 것도 기계가 하지. 게다가 무인 지하철까지 생긴다니……. 그럼 지하철역에서 일을 하는 사람들이 필요가 없게 되잖아? 직장을 잃을 수도 있다고. 그래서 이제 지금 막 무인 시스템 도입을 반대하는 운동을 하고 오는 길이다. 사람들이 모두 효율적이거나 편리한 것만 찾으니 큰일이야…….”

삼촌은 피곤하다는 듯이 어깨를 휘휘 돌리면서 말했지요.

"그럼 삼촌이 백수가 될 수도 있다는 거야?"

"이 녀석이, 말을 해도 백수가 뭐냐, 백수가. 그럴 일을 없게 하려고 무인 시스템 반대 운동을 하는 것 아니냐."

삼촌과 태평이의 대화에 로티가 둘을 쳐다보았어요.

"잘 생각해 보면, 로봇인지 뭔지 발명되어 봤자 하나 좋을 게 없어. 모든 것을 다 기계가 하는 세상이 오니까 사람 사이에 정이 쌓이기를 하나 멀쩡한 직장이 없어질까 걱정해야 하질 않나…….”

삼촌의 한탄 섞인 목소리가 들려왔어요. 지금까지는 로봇이 무조건 좋다고만 생각했어요. 그런데 삼촌을 보니 로봇의 발전이 사람들에게 무조건 좋은 것만은 아니라는 생각이 들었지요.

'생각보다 우리의 생활 속에 로봇이 참 많구나. 도서관 무인 기계, 지하철 무인 시스템, 로봇 청소기처럼 사람을 도와주는 로봇이 정말 좋다고만 할 수 있는 걸까? 직장이 없어질까 걱정하는 삼촌도 있고, 로봇 개발이 진행되다가 저렇게 버려지는 로티도 있는데…….'

태평이는 곰곰이 생각해 보았지만 쉽게 결론을 내릴 수는 없었어요.

"아까부터 삼촌과 너의 이야기를 듣고 있자니 이거 정말 심각한 문제가 아닐 수 없네. 로봇이 사람들의 일을 빼앗는 것도 문제지만 또 다른 문제가 있는 것 같네. 사람과 로봇이 똑같은 모습을 하고 있고, 똑같은 감정을 느끼고, 똑같이 생각을 할 수 있다고 해 보세. 그렇다면 과연 누가 사람이고 누가 로봇인지 어떻게 알 수 있겠나? 로봇이 더욱 발전해서 사람보다 훨씬 똑똑한 로봇이 등장한다면, 반대로 로봇이 사람들이 사는 세상을 지배하는 세상이 올지도 모를 일 아닌가? 그렇다면 너무

나 무섭고 끔찍할 걸세."

장영실의 말에 태평이는 침을 꼴깍 삼켰어요. 로봇이 사람을 지배하는 세상이 올지도 모른다는 생각을 하니 손에 땀이 고였지요.

'사람보다 더 높은 지능을 가진 로봇이 정말로 세상을 지배하게 되면 어떡하지? 그럼 나는 로봇의 노예가 되는 거야?'

태평이가 땀이 흥건한 손바닥을 바지에 슥슥 문질러 닦아 내었어요.

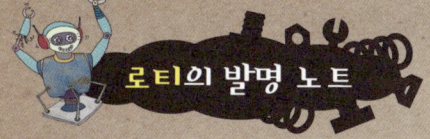

로봇 윤리

로봇이 단순한 기능이 아닌, 지능을 가진 형태로 등장하여 산업, 경제, 사회 변화에 모두 굉장한 영향을 미치면서, 발생 가능한 위험으로부터 안전을 확보하는 것이 중요해졌어요. 그래서 로봇을 연구하는 과정에서 지켜야 할 로봇 윤리를 지정하게 되었어요. 과학에 대해서 연구를 하던 과학 해설자이자 SF소설가인 아이작 아시모프는 다음과 같이 로봇 행동 3 법칙을 정했답니다.

제1법칙, 로봇은 사람에게 해를 끼칠 수 없다.
또한 사람들에게 해를 끼치는 위험을 그냥 지켜봐서도 안 된다.
제2법칙, 로봇은 사람의 명령에 따라야 한다.
단, 그 명령이 제1법칙에 어긋나서는 안 된다.
제3법칙, 로봇은 제1법칙과 제2법칙에 어긋나지 않는 한 자기 자신을 지켜야 한다.

무인 자동차가 사고를 내면 누구의 책임일까?

1986년 뮌헨 분데스워 대학교 딕맨스 교수 연구팀은 완전 자동화된 무인 자동차를 제작하였다. 이 자동차는 일반 도로를 시간당 최대 100km 속도로 달릴 수 있었다. 이는 유럽 위원회의 연구 지원을 받는 계기가 되어 무인 자동차 개발이 활발하게 진행되었다. 2005년 미국에서 개발한 '스탠리'라는 이름의 무인 자동차는 아프리카 모하비 사막을 가로질러 무려 212km에 이르는 길을 달렸다. 미국에서는 무인 자동차 여러 대를 목적지까지 운행하는 테스트를 했는데 사람이 타고 달리는 것보다 훨씬 더 일찍 도착했다고 한다.

어떻게 하면 이런 자동차를 만들 수 있을까? 먼저 위성과 도로에 구석구석 설치된 센서가 자동차의 위치를 정확히 알아낸다. 무인으로 자동차를 모는 것은 컴퓨터와 전자 장치의 몫이다. 레이더가 앞, 뒤 그리고 옆의 자동차와 일정한 거리를 확인하여 유지할 수 있도록 돕는다. 매우 가까워지면 멈추고 멀어지면 빨리 달린다. 무인 자동차가 보편화되면 스스로 차를 몰 수 없는 장애인들도 쉽게 이동할 수 있다. 또한 운전 속도가 자동으로 조절되어 이산화탄소 배출을 최소화하는 친환경적인 운전도 가능하다. 많은 전문가가 무인 자동차가 사람들을 더 안전하고 빠르게 원하는 곳까지 데려다 줄 것이라고 이야기하고 있다.

하지만 기술 발전이 모든 문제를 해결해 주는 것은 아니다. 폭우, 폭설과 같이 날씨가 좋지 않거나 도로 정보가 없는 곳에서는 사람이 직접 운전해야 한다. 교통사고가 났을 때 그 책임을 자동차 주인에게 물어야 하는지, 자동차 제작 회사에 물어야 하는지, 자동 운전 기술을 만든 회사에 물어야 하는지도 참 애매하다. 이 때문에 무인 자동차에 미국 애리조나 주에서는 무인 자동차에 관한 법안을 놓고 아직도 심의 _{심사하고 논의함} 중이다.

소비자들은 아직 무인 자동차에 대한 강한 거부감을 보인다. 2012년 미국 차 제조 업계를 대표하는 자동차 제조업 연맹(AAM)이 5000명의 운전자를 대상으로 무인 자동차에 관해 설문 조사를 실시했다. 그 결과 전체 운전자의 72%가 무인 자동차에 대해 부정적인 반응이었다. 절반 이상의 응답자가 무인 자동차를 만들 수 있을 정도로 기술이 발달했는지는 모르지만, 안전성을 확보하려면 수년이 더 걸릴 것이라고 내다봤다.

전문가들 역시 버튼 한 번만 누르면 집에서 직장까지 데려다 주는 완벽한 무인 자동차가 나오려면 아직도 몇 년을 기다려야 할 것으로 조언했다. 기술적으로 완벽한 무인 자동차가 나오기 전까지 운전자의 불안감을 줄이고 무인 자동차로 교통사고가 났을 때의 법적 제도를 미리 준비하여야 사람들은 새로운 기술을 신뢰할 것이다.

어떤 로봇이 있을까?

로티가 로봇의 종류를 설명하고 있어요. 보기에서 정답을 찾아보아요.

보기
사이보그, 산업용 로봇, 휴머노이드, 엔터테인먼트 로봇

? 공장에서 물품을 쉽고 빠르게 만들어 내는 걸 도와요.
1. _____

? 애완용 로봇처럼 사람을 즐겁게 해 주어요.
2. _____

? 사람과 비슷한 외모를 가졌어요.
3. _____

? 기계나 전기적인 장치를 몸속에 이식한 동물이나 사람을 말해요.
4. _____

정답
1. 산업용 로봇
2. 엔터테인먼트 로봇
3. 휴머노이드
4. 사이보그

5장 필요한 발명 생활 발명품

 **주위를 둘러봐!**

"태평이, 그런데 지금 네가 이렇게 좋은 환경에서 사는 것은 모두 다 내 덕이라는 건 알고 있니?"

무겁게 가라앉은 분위기를 깨며 에디슨이 말했어요. 에디슨은 뭔가 대단히 자랑스러운 듯 의기양양한 표정이었어요.

"모두 다 아저씨 덕이라고요?"

"당연하지. 지금 네가 사용하는 물건들은 거의 내가 발명한 것과 다름없어. 내 발명품들이 없었다면 네가 지금 이렇게 편리한 환경에서 살아갈 수가 없다고."

에디슨은 확신에 찬 목소리로 말했어요.

"치, 아저씨가 발명한 게 뭐가 있는데요? 전부 발명했다는 건 아무래도 거짓말 같은데요."

"이런 이런, 나는 거짓말이나 하는 그런 사람이 아니야."

에디슨이 손을 마구 저으면서 말했지요.

"이봐, 태평이. 에디슨의 말이 아주 틀린 말은 아닐세. 에디슨은 발명가들 사이에서도 엄청 유명한 인물이야."

장영실이 에디슨의 편을 들어주었어요. 그러자 에디슨은 기다렸다는 듯이 신 나게 이야기하기 시작했어요.

"나는 평생 동안 1093개의 특허를 받았지. 난 어렸을 때부터 학교 수업에는 관심이 없었어. 대신 엉뚱한 짓을 참 많이 했지. 한번은 곡물 창고에 들어가 그 구조를 살펴보다가 버튼 하나를 잘못 눌러서 곡물에 깔려서 죽을 뻔한 적도 있어. 또 사람이 하늘을 날 수 있는 알약을 만들어 친구에게 주었는데 글쎄 그 친구가 날기는커녕 며칠 동안 배가 아파서 바닥을 데굴데굴 굴러다녔지 뭐야. 이런 사고를 치면서 학교에서 배우는 공부는 점점 흥미를 잃었고 결국 12살 때 학교를 그만 두고 말았지. 그러고는 평소에 관심이 많던 과학을 더욱 중점적으로 공부하기 시작했어. 그중에서도 나는 전기에 관심이 많았어. 나의 대표적인 발명품인 백열등을 만드는 데 그치지 않고 전력의 공급, 발전기 생산 등을 담당하는 회사를 세워 전기 서비스를 제공할 수 있게 했지."

"그럼 냉장고가 매일 돌아가는 것도, 영화를 볼 수 있는 것도, 스탠드

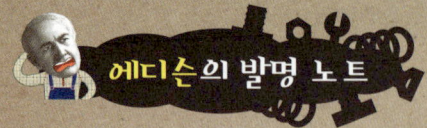

에디슨의 전구

나는 대단히 많은 발명품을 발명했어. 그중에서 나에게 '빛의 마법사'라는 별명을 붙여 준 전구는 나에게 가장 큰 영향을 끼친 발명품이지. 전구가 어두운 밤을 환하게 만들어 준 덕분에 밤에도 불편함 없이 생활할 수 있게 되어 사람들의 일과가 길어졌어. 백열등이 발명되기 전까지는 가스등이나 아크등이 사용되고 있었어. 가스등은 불빛이 약했고, 아크등은 불빛이 너무 밝고 값이 비싸다는 단점을 갖고 있었어. 이러한 상황에서 나는 누구나 쓸 수 있는 전등을 발명하고 싶었지. 나는 경제적인 전등을 발명하기 위해 1600가지 이상의 금속선으로 실험을 했고 4만 쪽이 넘는 노트를 작성했지. 그러다가 제일 효율적인 방법의 백열전구를 발명하게 된 거야!

에디슨의 첫 번째 성공적인 백열 전구 모델. 1879년 미국 캘리포니아주 멘로 파크에서 사용되었다.

를 켜 놓고 책을 읽을 수 있는 것도 모두 아저씨 덕분이네요?"

태평이가 전력을 이용해 움직이는 다양한 가전제품들을 가리키며 말했어요. 에디슨은 흐뭇한 미소를 지으면서 고개를 끄덕였지요.

"라디오 이야기가 나와서 말인데 음악을 들려주는 기계인 축음기도 내가 처음 발명한 거야. 사실 내가 축음기를 발명할 때 음악을 재생하는 기능을 크게 생각하지 않았어. 나는 축음기를 '사람 대신에 소리를 기록하는' 기계라고만 생각했거든. 녹음 기능을 중요하게 생각한 거야. 그래서 처음에는 축음기가 음악을 재생하는 용도로 사용되자 사무실에서 사용되어야 할 물건이 잘못 사용되고 있다고 생각했지."

에디슨과 그가 발명한 축음기(1878년)

"발명가가 의도한 것과는 다르게 성공하는 발명품도 있구나……."

태평이가 중얼거리자 에디슨이 쓸쓸한 미소를 지었어요.

"나는 틀에 박힌 것을 매우 싫어하는 사람인데, 부끄럽게도 내가 가둬 놓은 틀에 스스로 갇히곤 했지. 1893년에 세계 최초의 극장이 등장했을 때도 마찬가지였어. 5센트만 내면 영화를 볼 수 있는 극장들이 미국에 속속 생겨나면서 사람들은 흥미를 느낄 수 있는 영화를 만들고, 스타 배우를 키우거나 영화관의 스크린을 크게 하는 일에 관심을 쏟았지. 하지만 나는 상업 영화가 아니라 교육 영화를 만들어야 한다고 생각했어. 게다가 배우나 화면이 아닌, 영사기의 성능을 개선하는 게 우선이라고 생각했지. 하지만 사람들은 눈에 바로 띄는 것들을 원했어. 그래서 나는 영화 촬영 기계를 만들었지만 결국 영화 산업에서는 성공할 수 없었단다."

"우와! 영화를 찍는 기계를 아저씨가 만들었다고요? 아저씨, 진짜 대단한 사람이네요!"

"크흠, 뭘 그렇게 까지……."

에디슨이 머리를 긁적이며 어색한 미소를 지었지요. 태평이는 조금 전까지는 이상한 물건을 발명해서 현재로 온 에디슨을 정말 이상한 사람이라고 생각했었어요. 그런데 에디슨이 발명한 발명품 이야기를 들으니 에디슨이 멋지다는 생각이 들었어요. 그래서 혹시 또 다른 발명품은 없을지 자꾸 주변을 살펴보았어요.

일상 속 다양한 발명품들

에디슨의 말을 듣던 삼촌이 주변을 살펴보다가 대뜸 물었어요.

"그럼 저 비닐봉지는? 비닐봉지도 당신이 발명한 거요?"

비닐봉지를 가리키는 삼촌의 손끝을 쳐다보던 에디슨이 눈동자만 데굴데굴 굴렸지요.

"큼큼……."

할 말이 없어진 에디슨은 괜히 헛기침을 하면서 목만 가다듬을 때 조용히 이 상황을 지켜보던 로티가 나섰어요.

"비닐봉지는 에디슨이 발명한 게 아니에요. 1965년 스웨덴에 살던 스텐 거스타프 터린이라는 사람이 발명했어요. 이전까지 사람들은 종이봉투만 사용했는데 종이봉투는 약하고 물에 젖는다는 단점이 있었어요. 그래서 스텐은 튼튼하고 질기며 물에 젖지도 않는 비닐봉지 재질을 개발했어요. 이후 스텐이 이 아이디어를 미국의 한 회사에게 넘기면서 비닐봉지는 더욱 완성된 형태로 바뀌게 되었어요. 현재 비닐봉지는 한 달에 약 10억장 이상 소비되고 있어요. 참고로 비닐봉지 회사 직원이 러닝셔츠를 입고 지나가는 아이의 뒷모습을 보고 비닐봉지의 손잡이를 만들었대요."

로티가 주방에서 굴러다니던 비닐봉지를 한 장 손가락 사이에 끼우고 흔들었어요. 태평이는 로티가 들려준 말이 정말 신기했어요. 더욱이 지나가는 아이의 러닝셔츠 모양에서 현재의 비닐봉지 모습이 탄생했다고 생각하니 흥미로웠지요. 태평이는 모르는 게 없는 로티에게 다른 물건들이 발명된 이야기도 듣고 싶었어요.

"로티, 그럼 이 연필이랑 지우개는 누가 발명했어?"

태평이의 말에 로티는 잠시 생각하는 듯 눈을 감았어요.

"1565년 잉글랜드에서는 아주 많은 양의 흑연이 발견되었어요. 당시에 사람들은 흑연을 어떻게 사용하는지 몰랐어요. 그러던 중에 누군가 막대 모양으로 흑연을 잘라 나무 원통에 끼우면 쓰거나 그리는 용도로 사용할 수 있다는 사실을 알게 되었어요. 그러던 1795년, 나폴레옹의 군대 장교였던 니콜라 자크 콩테가 흑연 가루와 진흙을 섞어서 구워 단단한 연필심을 만드는 방법을 개발했지요. 지우개는 1770년에 영국의 신학자이자 과학자였던 조지프 프리스틀리가 발명했어요. 지우개가 발명된 것은 우연이었어요. 뭔가 골똘히 생각을 하던 그는 고무를 종이에 문지르고 있었는데 종이에 쓰인 글씨들이 감쪽같이 사라진 거예요. 프리스틀리는 고무로 글씨를 지울 수 있다는 사실에 깜짝 놀랐어요. 이전까지는 빵조각으로 글씨를 지웠어요. 빵의 주된 성분이 목탄을 지우는 역할을 했기 때문이에요. 이후 염화비닐을 주원료로 만든 '플라스틱 지우개'가 나왔지요. 플라스틱 지우개가 천연고무 지우개보다 훨씬 만들기 쉽고, 가격도 싸고, 모양과 색을 예쁘게 만들 수 있거든요."

"그럼 지우개가 발명된 것은 엄청 우연한 일이었네. 그 전까진 빵이 지우개 역할을 했구나. 신기하다. 빵으로 글씨가 지워지다니! 한번 해 볼까?"

태평이가 궁금한 마음에 주방으로 달려가 먹다 남은 빵을 찾기 시작했어요. 그때 로티의 눈에 냉장고 안에 들어 있던 탄산음료가 들어왔지요.

"탄산음료. 탄산음료는 누가 발명한 걸까요?"

로티의 질문에 멍하니 공중을 쳐다보던 삼촌이 외쳤어요.

"칠성? 코카?"

삼촌의 대답에 태평이가 한숨을 내쉬며 탄산음료를 꺼내서 삼촌의 품에다 안겼지요.

"삼촌, 조용히 이거나 마셔."

삼촌은 아무 말 없이 태평이가 내민 탄산음료의 뚜껑을 열었어요. 푸쉭 탄산이 빠져나가는 소리가 들렸지요.

지우개와 탄산음료를 발명한 조지프 프리스틀리 (1733~1804)

"탄산을 최초로 발명한 사람도 조지프 프리스틀리예요. 어느 날 맥주 공장 앞을 지나가다 맥주가 만들어지는 과정이 궁금해서 공장 안으로 들어가 맥주가 들어있는 나무통을 열어 보았어요. 통 안에는 맥주 거품이 가득하였는데 거품에서 기체가 나온다는 것을 알아냈어요. 그는 맥주 거품 속에 들어있는 기체를 물에 녹이면 물이 더욱 시원할 거라는 생각을 했어요. 연구를 거듭한 결과 물속에 기체를 녹여 넣는데 성공하였고, 이렇게 발명된 물이 지금의 사이다예요. 코카콜라는 19세기 말,

필요한 발명, 생활 발명품

발명가 좀 펨버튼이 인디언들이 즐겨 먹던 코카나무의 잎과 열매를 이용하여 만든 '피로 회복제'였어요. 하지만 최근에는 카페인과 설탕이 많이 들어갔다는 이유로 많이 섭취를 하는 건 건강에 좋지 않다고 해요."

태평이와 삼촌, 발명가들은 모두 로티의 말에 고개를 끄덕였어요.

"그럼 내가 제일 좋아하는 아이스크림은?"

"아이스크림은 약 4000년 전 중국에서 발명되었어요. 중국인들이 주

스를 얼리는 방법을 처음으로 알아냈지요. 그리고 2000년 전, 로마인들도 같은 생각을 했어요. 황제는 과일을 차갑게 해서 먹으려고 병사들에게 산에서 얼음을 가져오라고 시켰지요. 그게 발전된 것이 아이스크림이에요. 1670년 이탈리아의 프란시스코 프로코피오는 프랑스 파리에 카페를 열고, 처음으로 셔벗과일즙에 물 우유 설탕 등을 섞어 얼린 얼음과자과 단맛이 나는 얼음을 팔았어요. 당시 사람들에게 엄청난 인기를 끌었지요."

"아이스크림! 그건 나도 좋아하는 음식이야!"

로티의 설명을 듣던 에디슨이 함박웃음을 지으면서 외쳤어요. 신이 난 로티는 발명품에 대해 알려주기 위해서 계속 집 안을 돌아다녔지요. 그러다가 화장실 앞에 멈춰 선 로티는 유심히 샴푸가 담긴 통을 쳐다보았어요.

"샴푸! 샴푸는 양털 세척 공장에서 만들어졌어요. 일본의 다케우치 고도에는 양털을 세척하는 일을 하는 회사의 사장이었어요. 양털을 씻을 때에는 물비누를 사용했지만 그 외에 생활에서는 사람들은 모두 네모 모양의 고체 비누만 사용했어요. 사람의 손에서 비누가 자꾸 미끄러져 도망가는 것을 보고 양철 공장의 사장님은 '사람의 머리도 물비누로 씻는 것이 어떨까'하고 생각한 거예요. 그래서 독성 물질을 없애고, 좋은 향을 첨가하면서 사람들의 머리에 쓰기에도 좋은 물비누를 만들었는데 그것이 바로 샴푸지요. 결국 사장님은 양털 공장보다 샴푸로 더욱 성공을 하게 되었어요."

"양털을 씻기던 방법으로 사람의 머리에 쓰는 샴푸가 발명되었다니 그것도 정말 재미있다."

태평이는 반쯤 샴푸가 남아 있는 샴푸 통을 마구 흔들어 보았지요.

 ## 환경 오염을 일으키는 발명품들

"그런데 아까 낮에 보니 지나다니는 사람마다 일회용 종이컵이나 비닐봉지를 많이 들고 다니더군. 다양한 생활 발명품이 사람들의 편리함을 위해서 사용된다고는 하지만, 그것들은 모두 환경 오염의 주범 아닌가!"

노벨이 심각한 표정으로 말을 꺼냈어요. 발명품들에 대한 이야기를 들으면서 신이 나 있던 태평이가 노벨의 말에 고개를 갸웃거렸지요.

'환경 오염?'

방송이나, 학교에서 환경 오염에 대한 이야기를 종종 들었지만 딱히 일회용품들을 적게 사용하거나 다른 노력을 한 적은 없었지요. 환경 오염이 아주 커다란 문제라고 말은 하지만, 솔직히 직접 피해를 입은 적은 없었으니까요.

"하긴, 내가 어렸을 적만 해도 지금처럼 이렇게 종이컵이나 나무젓가락, 일회용 숟가락, 비닐봉지를 마구 사용하지는 않았어. 지금은 몸도 부위에 따라서 각각 다른 것들을 사용해서 닦잖아. 비누, 폼 클렌징, 샴푸, 바디 워시 등등 말이야. 비누 하나 쓸 때보다 훨씬 많이 환경이 오염되겠지. 예전에는 이 정도는 아니었어. 비누를 이용해서 손빨래를 하는 정도였으니 말이야."

삼촌이 노벨의 말을 거들면서 말했어요. 발명가들은 태평이네 집을 잘 둘러보았어요. 태평이네 집에도 일회용품과 환경 오염을 시키는 다양한 물건이 있었지요.

"환경 오염은 크게 인간에 의해 환경의 구성 성분과 생태가 변하여 본래의 상태보다도 더러워지는 걸 뜻해요. 대기 오염, 수질 요염, 토양 오염 등을 예로 들 수 있지요. 편리하다고 발명된 물건들을 막 사용할 경우 환경 오염은 더욱 심각해 질 수밖에 없어요. 샴푸, 비누, 비닐봉지, 종이컵 모두 최소한의 양을 사용해야 해요. 편리함을 쫓더라도 환경 오염을 막기 위해서 많은 노력을 해야죠."

로티가 씨익 웃으면서 말했어요.

"특히, 태평이! 머리를 감을 때에는 샴푸 펌프질을 한 번만 해도 돼요."

로티는 태평이가 샴푸를 두 번씩 펌프질 해 사용하는 것을 알고 있다는 듯이 말했지요. 태평이는 멋쩍은 미소를 지었어요.

"일회용품 사용은 정말 신중하게 생각해야 해요. 사람들이 1년 동안

마라톤 경기가 끝난 후 버려진 종이컵

사용하기 위한 일회용 종이컵을 만들 때에는 무려 3390톤의 이산화탄소가 배출되어요. 만약 이 정도의 종이컵 사용을 줄이면 약 6만 8000그루의 나무를 심은 효과를 얻을 수 있어요. 얼마나 어마어마한 양인지 느낄 수 있나요? 종이컵을 매달 한 사람이 1개씩만 아껴도, 1년이면 20년생 나무 0.08그루를 심을 수 있어요. 12명이 하루에 종이컵 1개씩만 덜 써도 연간 20년생 나무 1그루를 심는 효과를 볼 수 있지요."

로티의 말에 태평이와 발명가들은 입을 떡 벌렸어요.

"로티, 너 정말 똑똑하다. 네 말을 들으니까 정말로 일회용품 사용을 줄여야겠다는 생각이 들어."

태평이는 로티의 어깨를 토닥여 주었지요. 이렇게 아는 것이 많고 똑똑한 로봇이 쓸모없다는 이유로 버려졌다는 사실이 슬펐어요. 로티는 태평이의 손길에 기분이 좋은듯 엉덩이를 씰룩였어요.

"발명이 무조건 좋은 것만은 아닌 것 같아요. 사람들의 편리함을 위해서 발명된 일회용품이 환경을 오염시키는 거잖아요."

환경 오염에 대해 생각하던 태평이가 입을 삐죽이며 말했지요.

"그러니까 발명가는 자신의 발명품이 앞으로 어떤 일을 하게 될지에 대해서 아주 신중하게 생각해 볼 필요가 있어. 발명가로 산다는 것은 결코 쉽거나 재미있기만 한 일은 아니야. 그 누구보다 힘들고, 괴로운 일이 될 수도 있어. 내가 발명한 발명품이 또 다른 누군가에겐 피해를 주지 않을지, 혹은 사람의 생활을 얼마나 더 편리하게 만들어 줄 수 있을지에 대해서 끊임없이 생각을 해야 하지."

노벨이 진중한 목소리로 말했어요.

"아저씨가 발명한 다이너마이트처럼요?"

태평이의 대답에 노벨이 희미한 미소를 지으면서 태평이의 머리를 쓰다듬어 주었지요.

"그럼. 내가 다이너마이트를 발명한 이유가 전쟁에 있지 않듯이 아마 일회용품을 발명한 사람들도 환경을 오염시키려고 일회용 숟가락, 젓가락, 종이컵, 접시 등을 만들지 않았을 거야. 대부분의 발명품은 긍정적인 면이 있으면 부정적인 면도 있다는 것을 잊어서는 안 돼. 발명가는 그 두 가지를 모두 함께 생각하고 발명품을 만들어야 하지."

노벨의 말에 태평이와 삼촌은 모두 고개를 끄덕였어요. 처음에는 발명가 아저씨들을 이상한 눈으로 쳐다보던 삼촌도 어느새 아저씨들의 말에 귀를 기울이고 있었지요. 태평이는 그런 삼촌을 보니 괜히 웃음이 나왔어요. 그때였어요.

"그런데 너무 걱정하지 마세요. 환경 오염을 걱정하는 사람들이 많아지면서 요즘은 상황이 변하고 있어요. 사람들이 텀블러를 들고 다니면서 종이컵 사용량을 줄이고 있고, 장을 보러 갈 때에는 에코백을 사용하면서 비닐봉지의 사용을 줄이고 있거든요. 많은 사람들이 환경 오염을 막으려고 노력하고 있으니 조금씩 더 좋아질 거예요."

로티가 명랑한 목소리로 말했어요.

 나도 한번 해 볼까? 발명가!

태평이의 방에 모인 발명가들은 완벽한 로봇이 되고 싶다는 로티의 몸을 이리저리 살펴보았어요.

"어디 보자. 로티. 네 팔과 다리는 뜨거운 열기로 녹여서 붙여 주면 될 것 같은데……."

에디슨이 로티의 팔과 다리를 살펴보면서 말했어요.

"좋아요! 에디슨 박사님만 믿을게요."

로티가 에디슨의 손을 잡고 신이 난 목소리로 말했지요. 그때였어요.

우르릉 쾅쾅!

창문 밖으로 천둥 번개 소리가 들려왔지요. 태평이와 발명가 아저씨들은 깜짝 놀라서 창밖을 쳐다보았어요.

우르릉 쾅쾅쾅!

더욱 커다란 천둥 번개 소리가 들려왔지요.
"이거, 다시 천국으로 올라갈 수 있다는 신호 아닌가!"
장영실이 외쳤어요.
"맞아. 우리가 여기로 올 때에도 천둥 번개가 쳤어!"
에디슨이 갑자기 벌떡 일어나더니 베란다 문을 열었지요. 그러고는 라이트 형제가 갖고 있던 양철 쟁반을 넓게 펼치고 또 다시 전선들을 마구 연결시켰어요. 태평이는 놀라서 분주하게 움직이는 발명가들만 쳐다보고 있었어요.
"이봐, 태평이! 만나서 반가웠네. 이제 우리는 갈 시간이 된 것 같군. 혹시 다음에 만나게 된다면 반갑게 인사나누세."
장영실이 발명가들을 배웅 나온 태평이의 손을 꼭 잡고 말했지요.
"아저씨들, 정말 가요?"

태평이는 그세 정이 들었는지 울상이 되어서 말했어요.

"나는요. 나는요? 박사님이 나를 고쳐 주기로 했잖아요."

로티가 에디슨의 팔을 붙잡았지요.

"로티, 자네도 우리와 함께 가지 않겠나? 천국에 있는 공동 연구소에서 우리가 자네를 고쳐 주겠네!"

로티는 장영실의 말에 신이 나서 폴짝폴짝 뛰며 양철 쟁반에 올랐지요.

"자, 다 됐지? 그럼 잘 있게. 태평이! 즐거웠네!"

장영실이 마지막 말을 외치면서 베란다 문을 열었어요.

우르릉 쾅쾅, 우르릉 쾅!

태평이는 엄청나게 커다란 소리에 겁이 나서 눈을 꾹 감았지요. 한참이 지나자 주변이 조용해졌어요. 곧 천둥 번개도 멈추고 주룩주룩 비가 내리기 시작했지요. 태평이는 살며시 한쪽 눈을 떠 보았어요. 눈앞에는 아무도 없었어요. 정말로 천국으로 돌아간 모양이에요.

태평이는 아쉬운 마음에 입을 쭉 내밀고는 거실로 나가보았어요. 발명가 아저씨들과 로티가 놀던 집 안은 아직도 어질러져 있었어요. 처음에는 짐 같았던 발명가 아저씨들이 정말로 돌아가 버리자 태평이는 허전한 기분이 들었지요.

'하하, 진짜 웃긴 아저씨들이었는데……. 어쩔 땐 진짜 천재 같다가도 어쩔 땐 나보다도 허당이고……. 나도 한번 해 봐? 발명가?'

태평이는 씨익 웃으면서 생각했어요. 나중에 천국에 올라가서 발명가 아저씨들을 만날 때에는 자신도 당당하게 천국에 사는 발명가들 모임에 끼고 싶다고 말이에요.

발명은 생활을 바꾼다!

역사의 흐름을 바꾸어 놓을 정도로 커다란 발명만 발명이 아니에요. 생활 속에서 불편한 점을 찾아서 편리하게 바꾸어 놓는 것도 훌륭한 발명이에요. 간단한 아이디어 하나가 우리 생활을 얼마나 크게 바꾸어 놓았는지 알면 깜짝 놀랄 거예요!

일회용 밴드
1900년대 초, 의약품 회사의 직원이었던 얼 딕슨의 아내는 요리를 하면서 손을 자주 베었는데 그 때마다 상처에 붙인 붕대가 자꾸 떨어져 고생을 하곤 했다. 딕슨은 회사에서 가져온 외과 치료용 테이프 위에 거즈 조각을 얹어 아내의 상처에 싸매어 주었는데 이것이 바로 일회용 밴드의 시초가 되었다.

병뚜껑
1890년경 미국의 발명가 윌리엄 페인터는 병을 완벽하게 밀봉해 음료수가 상하지 않게 하는 병뚜껑을 만들기로 결심했다. 그는 '병뚜껑 둘레를 눌러서 조이면 되지 않겠느냐'는 아내의 말에 힌트를 얻어 병 주둥이에 홈을 파고 병뚜껑을 꽉 조여 맞물리게 만든 왕관 모양의 병뚜껑을 만들었다.

초콜릿 칩 쿠키
미국에서 식당을 운영하던 루스 웨이크필드는 녹인 초콜릿을 섞어 만드는 초콜릿 쿠키를 만들다가 초콜릿 녹이는 시간을 절약하려고 초콜릿 덩어리를 잘게 잘라 반죽에 넣어 보았다. 이렇게 우연히 발견하게 된 초콜릿 칩 쿠키는 전 세계 사람들에게 사랑 받고 있다.

주름 빨대
요코하마에 사는 어느 부인은 자신의 병든 아들이 우유를 빨대로 마시려고 힘들게 몸을 일으키는 것을 보며 '누워서 마실 수 있으면 참 편할 텐데' 라는 생각을 하게 되었다. 그러던 어느 날 수도꼭지에 끼워져 있는 호스의 주름을 보고 '그렇지, 빨대에도 주름을 넣으면 쉽게 구부릴 수 있을 거야.' 하는 생각을 하게 되었고 그렇게 주름 빨대가 탄생했다.

포스트 잇
1968년 미국 3M의 연구원이었던 스펜서 실버는 강력한 접착제를 만들기 위한 연구를 했지만 실패로 돌아가 아주 약한 접착제가 만들어지고 말았다. 6년 후, 실버의 동료였던 아서 프라이는 이 약한 접착제를 사용하면 종이를 쉽게 붙였다 뗄 수 있겠다고 생각했고 이 상품은 엄청난 인기를 끌어 학교나 사무실에서 널리 쓰이게 되었다.

자동차 와이퍼
미국의 평범한 주부였던 마리 메리 앤더슨은 전차를 타고 가다가 쏟아지는 비 때문에 시야가 가려 난감해 하는 운전자를 보고 문제를 해결해 줄 수 있는 방법을 생각하게 되었다. 그녀는 마당을 쓰는 빗자루를 보고 힌트를 얻어 지금의 와이퍼와 비슷한 형태의 수동식 와이퍼를 발명해 냈다.

도넛의 구멍
미국의 항해사 한슨 크로켓 그레고리는 궂은 날씨 때문에 한시라도 뱃머리에서 떠날 수 없었다. 그래서 요리사가 가져다 준 도넛을 운전대 손잡이에 끼워 두었는데 도넛은 부스러지지도 않았고 바닷물에 젖지도 않았다. 이후로 선장들은 요리사에게 손잡이에 끼울 수 있는 도넛을 만들도록 주문했고 25년 후 도넛에 구멍을 뚫는 기계도 발명되었다.

자동판매기
1850년경 영국의 어린이들 사이에서는 동전을 넣으면 작동하는 놀이 기구를 타고 노는 게 유행이었다. 그 모습을 본 덴함이라는 남자가 동전을 넣으면 자동으로 물건이 나오는 기계가 있으면 편리하겠다고 생각했다. 그리고 마침내 1857년, 동전을 넣으면 우표가 나오는 자동판매기를 만들어 특허를 받았다. 오늘날 자동판매기는 어디서나 찾아볼 수 있다.

생활 속 놀라운 발견들!

에디슨이 태평이네 집에서 다양한 생활 발명품을 찾아냈어요.
누가 어떤 원리로 만들었는지 본문에서 찾아보아요.

❶ 비닐봉지의 손잡이	
❷ 연필심	
❸ 사이다	
❹ 샴푸	

정답
❶ 미국인 윌리 왕이 지렁이가 흙을 쉽게 나르는 것을 보고 비닐봉지의 손잡이를 만들었어요.
❷ 프랑스 사람 니콜라스 자크 콩테가 흑연과 점토를 섞어서 연필심을 만들었어요.
❸ 영국의 과학자 조지프 프리스틀리가 맥주 거품 속에 있는 기체를 발견하고 이를 물에 녹여 사이다를 만들었어요.
❹ 영국 사람 캐서우드가 비누를 사용하기 불편해서 새로이 만든 액체 비누가 오늘날 샴푸의 원형이 되었어요.

발명 관련 사이트

특허청 발명 교육 센터 iipti.kipo.go.kr
2005년에 대전 대덕 연구 단지에 개관한 발명 교육 센터에서 운영하는 홈페이지입니다. 1000가지가 넘는 다양한 생활 발명품에 숨겨진 발명 이야기를 엿볼 수 있어요. 만화와 애니메이션, 동화 등 다양한 방식으로 발명 이야기를 만날 수 있습니다.

한국 발명 진흥회 www.kipa.org
한국 발명 진흥회는 국내 발명품과 특허에 관련된 사업을 진행하는 곳이에요. 홈페이지에서 국내외 다양한 발명 전시회 일정을 확인할 수 있고, 발명 용어 사전, 발명품 수상작 등을 볼 수 있어요.

발명 틴틴 teen.ipacademy.net
특허청과 한국 발명 진흥회가 공동으로 운영하는 청소년 발명 사이트에요. 이곳에서는 단체나 개인을 대상으로 한 온라인 강의가 마련되어 있는데 학습 레벨에 맞게 초급, 중급, 고급 3단계로 구분하여 제공하고 있어요.

참소리 축음기&에디슨 과학 박물관 www.edisonmuseum.kr
강릉시에 있는 사립 박물관이에요. 20여 개국에서 만든 축음기 4500여점과 에디슨 발명품 3500여점, 자료 5000여점을 소정하고 있어요. 사이버 전시관도 운영하고 있어 인터넷으로 역사 속 발명품의 사진과 정보를 쉽게 찾아볼 수 있습니다. 박물관에 직접 방문해 보는 것도 좋은 경험이겠지요.

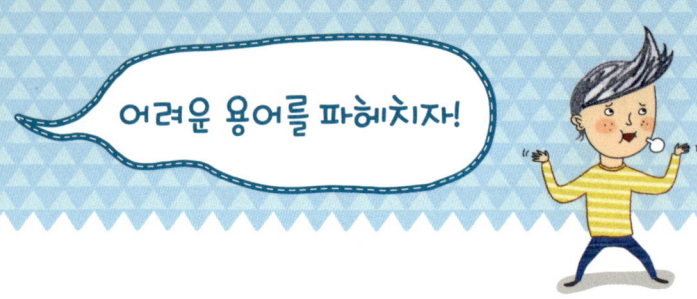

어려운 용어를 파헤치자!

그래포폰 벨이 에디슨이 발명한 축음기를 개선하여 만든 원통형 축음기

굴림대 무거운 물건 아래 받쳐 굴려서 운반하는 둥근 나무토막

글라이더 바람을 타고 나는 비행기

동력 물체를 움직이게 하는 힘

로봇 자동으로 움직이며 사람을 도와주고, 주변의 상황에 스스로 반응을 할 수 있는 기계 장치

발성법 정확하게 소리를 낼 수 있는 방법

버드 스트라이크(Bird Strike) 새가 사람들이 만들어 놓은 기구나 건물에 충돌하는 사고

역참 왕의 명령이나 중요한 문서를 전달하는 사람들이 묵거나(역원) 이에 필요한 병사나 말을 두었던 곳. 역참에서 사용하는 말을 역마라고 한다.

우정국 1884년에 우리나라 최초로 세운 우체국

수중익선 배 아래에 수중 날개를 달아 고속으로 항해할 수 있도록 만든 배

신호연 전투 시 연에 무늬를 새기고, 무늬마다 암호를 정해서 언제 어떻게 공격을 해야 하는지 알리는 방법. 임진왜란 때 이순신 장군이 연을 통신 수단으로 이용했다는 기록이 있다.

전보 전달하려는 내용을 음성이 아닌 문자로 간략하게 배달하는 통신 수단

전신 문자나 숫자를 전기 신호로 바꾸어 전달하는 통신 수단

모스 부호 1837년에 미국의 발명가 모스가 점과 선을 조합해서 만든 전신 부호로 1840년에 특허를 받았다.

증기 기관 증기가 지닌 에너지를 이용해 기계를 움직이는 방식. 증기 기관에 불을 지펴 수증기를 일으키고, 수증기의 압력으로 피스톤이 왕복해서 움직이면 피스톤에 연결되어 있는 바퀴가 움직이는 원리이다. 산업 혁명 때 널리 사용되어 대량 생산이 가능해졌다.

축음기 원반에 홈을 파서 소리를 기록하고 바늘을 사용해서 재생시키는 장치로 에디슨이 1877년 발명했다.

특허 발명가가 어떠한 물건을 발명했을 때 특허청에 가서 발명의 핵심 기술을 등록하여 공식적으로 인정받는 것을 말한다.

파발 조선 시대에 설치한 통신 수단으로 급한 문서를 빠르게 전하기 위해서 파발꾼이 직접 말을 타고 달려가서 다음 파발꾼에게 소식을 전달하는 릴레이식 통신 방법이다.

플라잉 셔틀(flying shuttle) 18세기 초 영국의 방직 기사였던 존 케이가 발명한 기계. 당시에 옷감을 짜려면 일일이 실 사이로 씨실을 끼워 넣은 북(shuttle)을 수동으로 조작해야만 했는데 존 케이는 수동 북을 자동화한 플라잉 셔틀을 발명하여 베 짜는 속도를 높였다.

신 나는 토론을 위한 맞춤 가이드

발명품에 대한 이야기를 재미있게 읽었나요? 이제 발명품 박사가 다 되었다고요? 그 전에 마지막 단계인 토론을 잊지 마세요. 토론을 잘하려면 올바른 지식과 다양한 정보가 바탕이 되어야 해요. 책을 다 읽고 친구 또는 엄마와 함께 신 나게 토론해 봐요!

잠깐! 토론과 토의는 뭐가 다르지?

토론과 토의는 모두 어떤 문제를 해결하기 위해 의견을 나누는 일입니다. 하지만 주제와 형식이 조금씩 달라요. 토의는 여러 사람의 다양한 의견을 한데 모아 협동하는 일이, 토론은 논리적인 근거로 상대방을 설득하는 일이 중요합니다. 토의는 누군가를 설득하거나 이겨야 하는 것이 아니기 때문에 서로 협력해서 생각의 폭을 넓히고 좋은 결정을 내릴 때 필요해요. 반면 토론은 한 문제를 놓고 찬성과 반대로 나뉘어 서로 대립하는 과정을 거치지요. 넓은 의미에서 토론은 토의까지 포함하는 경우가 많습니다. 토론과 토의 모두 논리적으로 생각 체계를 세우고, 사고력과 창의성을 높이는 데 도움을 준답니다.

토론의 올바른 자세

말하는 사람
1. 자신의 말이 잘 전달되도록 또박또박 말해요.
2. 바닥이나 책상을 보지 말고 앞을 보고 말해요.
3. 상대방이 자신의 주장과 달라도 존중해 주어요.
4. 주어진 시간에만 말을 해요.
5. 할 말을 미리 간단히 적어 두면 좋아요.

듣는 사람
1. 상대방에게 집중하면서 어떤 말을 하는지 열심히 들어요.
2. 비스듬히 앉지 말고 단정한 자세를 해요.
3. 상대방이 말하는 중간에 끼어들지 않아요.
4. 다른 사람과 떠들거나 딴짓을 하지 않아요.
5. 상대방의 말을 적으며 자기 생각과 비교해 봐요.

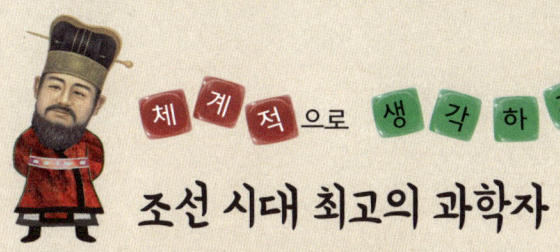

조선 시대 최고의 과학자 장영실

장영실은 노비 신분이었지만 재주가 뛰어나 세종 대왕의 눈에 띄어 특별 채용되어 궁궐에서 일할 수 있었어요. 궁궐에서 일하는 사람들과 함께 다양한 아이디어를 떠올려 갖가지 발명품을 만들었어요. 아래 사진을 보고 발명품의 이름과 용도를 찾아보고 정리해 봐요.

1. 측우기

2. 앙부일구

3. 자격루

4. 규표

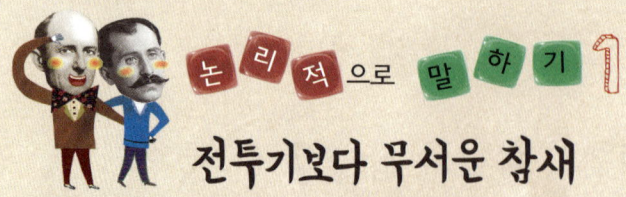

전투기보다 무서운 참새

새가 비행기에 부딪히거나 엔진 속에 빨려 들어가 일으키는 항공 사고인 버드 스트라이크가 발생하면 새뿐만 아니라 사람의 목숨도 위험합니다. 다음 기사를 읽고 버드 스트라이크를 막을 수 있는 방법을 생각해 보아요.

전투기 너머로 백로 떼가 눈에 들어오자 장병 2명이 폭죽의 일종인 폭음탄을 발사하기 시작한다. 인근에 설치된 폭음기도 계속해서 대포 소리를 낸다. 모형 비행기가 큰 소리를 내며 날자 백로 떼가 활주로 반대편으로 방향을 틀었다.

활주로에서 새는 '살아 있는 미사일'이다. 시속 960km로 비행하는 전투기에 무게 1.8kg짜리 새 한 마리가 부딪히면 전투기는 순간 64톤의 충격을 받는다. 실제로 1996년 미국 알래스카 엘먼도프 기지에서는 미국 공군 E-3C 공중 조기 경보기가 조류 충돌(버드 스트라이크, Bird strike)로 추락해 승무원 24명 전원이 사망했으며 한국에서도 2003년 5월 예천공항에서 공군 전투기가 추락하는 참사가 벌어지기도 했다.

이 때문에 새들의 활주로 접근을 막는 공군 20 전략 비행단(이하 20전비) '조류 퇴치반(BAT·Bird Alert Team)' 21명은 1년 365일 새떼와 전쟁을 벌인다. 20전비는 한국 최대의 철새 도래지 중 하나인 천수만 간월호가 근처에 있어 긴장을 늦출 수 없다. 20전비 'BAT'는 철새 가운데 가창오리 등 희귀 조류가 포함돼 있는 점을 감안해 사살을 최소화하는 대신 새들의 이동 경로를 바꿔 주는 친환경 방식을 도입했다. 무선 조종 비행체와 새들의 비명을 담은 '조류 퇴치 음향 시스템' 등은 다른 비행장에서는 볼 수 없는 것들이다. 또 밤에도 조류를 감시할 수 있는 적외선 카메라를 설치한 것은 물론 공군 최초로 비행단 주변 조류의 생태와 이동 경로를 연구하는 조류 감독관 직책을 도입하기도 했다.

20전비 한 조류 감독관은 "체계적이고 과학적인 조류 감시 활동은 항공기 안전 보장의 지름길"이라며 "근무 시간이 길고 추위, 더위와 싸워야 하지만 장병 모두가 400억 여원에 달하는 전투기는 물론 조종사의 안전을 책임진다는 사명감을 갖고 일하고 있다"고 말했다.

동아일보 2006/09/20

1. 버드 스트라이크의 피해는 어떠한가요?

2. 현재 우리나라에서는 버드 스트라이크를 막기 위해 어떤 방법을 사용하고 있나요?

이 방법은 과연 옳은 것일까요? 아니면 인간 중심적인 방법일까요?

| 최선의 방법이다. | VS | 새들을 배려하지 않은 인간 중심적인 방법이다. |

3. 버드 스트라이크의 피해를 막을 수 있는 더 좋은 방법이 있다면 생각해 봅시다.

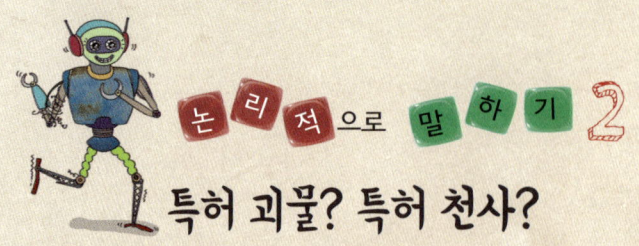

특허 괴물? 특허 천사?

특허 괴물은 제품을 생산해서 팔지는 않으면서 개인이나 기업에서 보유하고 있는 특허를 사들인 뒤, 특허 기술의 사용료를 받아 이익을 얻는 회사를 가리켜요. 만약 회사가 가진 기술 가운데 침해되는 예가 있으면 해당 업체에 소송하기도 합니다. 다음 기사를 읽고 특허 괴물에 관해 토론해 봐요.

특허 컨설팅 회사인 피앤아이비는 2001년 키보드 보안 기술 특허를 사들인 뒤 잉카인터넷, 킹스정보통신, 소프트캠프 등 이 기술을 보유한 모든 업체에 잇달아 소송을 걸었다. 피앤아이비는 "관련 제품 매출의 30%를 기술 사용료로 내거나 아니면 지금까지 판매한 모든 제품을 회수하고 판매를 중지할 것"을 요구했다.

'기술 거래 회사'라는 이름으로 존재하는 국내의 특허 컨설팅 기업들이 이처럼 외국의 '특허 괴물(patent troll)'과 비슷한 역할을 해 온 사실은 별로 알려지지 않았다. 특히 이들의 공격 대상이 대기업과는 달리 체계적인 법적 대응이 쉽지 않은 중소 기업에까지 이르고 있다는 점에서 부작용도 우려된다.

하지만 피앤아이비와 같은 기업의 역할이 한국 사회에 꼭 필요하다는 반론도 존재한다. 이○○ 한국항공대학교 교수는 "개인은 기술을 개발해도 권리를 행사하기 힘든데 피앤아이비는 이런 힘없고 약한 발명가를 도와주는 훌륭한 회사"라고 말했다. 그는 컴퓨터 문서 작성 프로그램을 쓸 때 입력하는 단어를 자동으로 분석해 '한글/영어' 전환 버튼을 누르지 않고도 영어와 한글 입력 상태를 자동으로 바꿔 주는 '한영 자동 변환 기술'을 개발한 프로그래머다. 2000년 이 교수는 세계 최대의 소프트웨어 기업 마이크로소프트(MS)가 자신의 특허를 침해했다며 피앤아이비에 특허의 절반을 넘긴 뒤 공동으로 소송을 벌여 이긴 예가 있다.

이 때문에 피앤아이비에 대한 평가는 극단적으로 나뉜다. 기업들은 이 회사를 재앙과 같은 특허 괴물이라고 평가하지만 기술을 개발한 개인들은 이들을 '특허 천사'로 일컫는다. 특허 전문 기업의 두 얼굴이다.

동아일보 2011/05/27

1. 특허란 무엇인지 본문에서 찾아 적어봅시다.

2. 특허 괴물이란 무엇인가요?

3. '특허 괴물'과 '특허 천사'의 두 얼굴을 가지고 있는 특허 컨설팅 회사가 이 사회에 꼭 필요할까요?

| 꼭 필요하다. | VS | 필요하지 않다. |

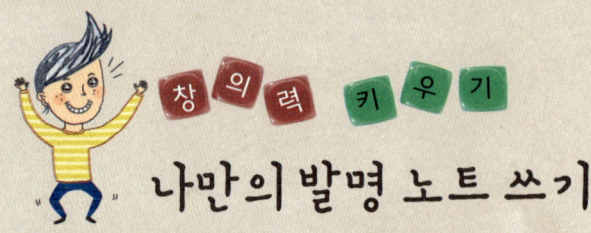

나만의 발명 노트 쓰기

필요는 발명의 어머니라고 하지요. 발명가들은 항상 주변에 무엇이 필요한지, 지금 사용하고 있는 물건이 어떻게 불편한지 등을 고민하고 해결책을 찾으려 했답니다. 주위를 둘러보세요. 편리하게 바꾸고 싶은 물건이 있나요?

1. 발명품 이름	
2. 만든 이유	
3. 만드는 방법	
4. 아쉬운 점	

예시 답안

조선 시대 최고의 과학자 장영실

1. **측우기**: 강우량(비가 내린 양)을 측정하기 위해 만든 기구. 빗물을 받는 그릇과 고인 빗물의 깊이를 재는 자, 그릇을 놓을 수 있는 받침대를 갖추고 있는 세계 최초의 우량계이다.
2. **앙부일구**: 우리나라 최초의 공중 시계. 시각 눈금 위에 시를 나타내는 12지신을 그림으로 그려 글자를 모르는 백성도 시간을 알 수 있도록 하였다.
3. **자격루**: 우리나라 최초의 자동 물시계이다. 특정 시간이 되면 종, 북, 징소리와 함께 12지 동물 인형이 튀어 올라와 몇 시인지 알렸다.
4. **규표**: 해의 그림자를 따라 시간을 알 수 있는 장치. 수직 막대를 '표'라고 하고 그림자가 놓이는 곳에 표시한 눈금을 '규'라고 한다.

전투기보다 무서운 참새

1. 1996년 미국 알래스카 엘먼도프 기지에서 미국 공군 E-3C 공중 조기 경보기가 새와 부딪혀 추락해 승무원 24명 전원이 사망했다. 한국에서도 2003년 5월 예천 공항에서 공군 전투기가 추락하는 사고가 발생했다.
2. 폭음탄, 폭음기, 모형 비행기를 사용해 새 떼가 활주로로 다가오지 못하도록 한다.
   최선의 방법이다: 비행기 활주로를 바꾸려면 엄청난 비용이 필요하므로 새 떼를 이동시키는 것이 가장 합리적인 방법이다.
   인간 중심적인 방법이다: 원래 새들이 살던 곳에 인간이 임의로 비행기 활주로를 만들었으므로 새들을 쫓아낼 것이 아니라 새들의 활동 시간과 범위를 고려해서 비행기를 띄워야 한다.

특허 괴물? 특허 천사?

1. 어떤 물건을 발명했을 때 발명가가 특허청에 가서 그 물건을 자신이 발명했다고 등록을 하여 공식적으로 인정받는 것을 말한다.
2. 제품을 생산해서 팔지는 않으면서 개인이나 기업에서 보유하고 있는 특허를 사들인 뒤, 그 특허를 침해했다고 판단되는 기업에 소송을 제기해 이익을 얻는 회사를 말한다.
3. **필요하다**: 개인은 자신이 개발한 기술을 지속적으로 관리하기가 힘들다. 이익을 특허 컨설팅 회사와 나누더라도 권리를 함께 가지고 있는 것이 양쪽에 모두 유리하다.
   필요하지 않다: 법적 대응이 체계적이지 못한 중소 기업의 피해는 엄청나다. 이렇게 되면 중소 기업의 창의적인 기술 개발 활동에 제한이 될 수 있다.

글쓴이 박주혜

2012년 문화일보 신춘문예에 〈승리초등학교 5학년 2반 이기자 여사님〉이 당선되면서 본격적으로 동화를 쓰고 있어요. 어릴 때부터 재미있고 신 나는 이야기를 상상하는 걸 좋아했어요. 톡톡 튀는 상상력으로 통통 튀는 이야기를 그려 보는 게 취미예요. 재미있는 글로 어린 친구들을 만나려고 노력하고 있지요. 지은 책으로는 『토끼는 어떻게 새끼를 낳을까요?』, 『칸타비아라 성 똥깡이』 등이 있답니다.

그린이 임혜경

청주에서 태어나 홍익대학교 시각디자인과를 졸업했어요. 《과학동아》, 《어린이과학동아》 등을 비롯한 과학 잡지와 『우리의 유네스코 세계유산』, 『도로시의 과학수사대』, 『사라진 공룡을 찾아서』, 『현미경 속 작은 세상의 비밀』 등의 책에 그림을 그렸습니다. 글을 재미있는 그림으로 그려 낸다는 건 흥미진진한 여행을 하는 기분이에요. 엄마와 같은 취미를 가진 아들 은규에게 이 책이 좋은 선물이 되었으면 하는 바람입니다.

초등 과학동아 토론왕 시리즈 ⑯ 앗! 이런 발명가, 와! 저런 발명품

- 이 책에 실린 일부 내용은 《과학동아》, 《어린이과학동아》에 게재된 기사를 재인용하였습니다.
- 이 책에 실린 사진은 다음과 같이 기관으로부터 게재 허가를 받았습니다. (가나다 순)
  다만 출처를 잘못 알고 실은 사진이 있는 경우 해당 저작권자와 적법한 계약을 맺을 것입니다.

  동아일보
  위키피디아
  포토파크